AIRCRAFT CABIN SERVICE

항공 기내방송 업무

NCS

머리말

NCS(국가직무능력표준, National Competency Standard)

　NCS란 산업현장에서 직무를 수행하기 위해 요구되는 지식, 기술, 소양 등의 내용을 국가가 산업부문별, 수준별로 체계화 한 것으로 산업현장의 직무를 성공적으로 수행하기 위해 필요한 능력(지식, 기술, 태도)을 국가적 차원에서 표준화 한 것을 의미한다.

　현재의 스펙보다는 비행업무 직무역량을 우선시 하고, 해당 직무수행에 요구되는 능력을 갖춘 인재를 선발하며, 이는 무분별한 스펙경쟁을 해소하여 학벌이 아닌 능력에 따라 대우받는 열린 산업현장을 구축하는데 있다. 2015년도 130개 공공기관에서 NCS를 이용하여 3,000명을 채용할 계획이며, 2017년 5월 문재인정부가 들어서면서 계속 확대되어 2020년까지 모든 공공기관 및 항공사/일반 기업체의 NCS 채용이 보편화 될 것으로 예상하고 있다.

　본 NCS 시리즈 교재에서는 NCS '항공객실서비스' 필수능력단위 항목인

- 기내 안전관리
- 승객 탑승 전 준비
- 승객 탑승 및 이륙 전 서비스
- 비행 중 서비스
- 착륙 전 서비스
- 착륙 후 서비스
- 승객 하기 후 관리
- 응급환자 대처

- 항공 기내방송 업무
- 고객만족 서비스
- 객실승무 관리를

능력단위별로 분권하여 미래 예비 승무원들의 수준에 맞도록 튼실하고 짜임새있게 저술하여, NCS 항공객실서비스 능력단위를 학습하는데 능력단위별 주교재/부교재로 선택할 수 있게 하였고, 유사분야로 사료되는

"승객 탑승 전 준비, 승객 탑승 및 이륙 전 서비스"

"착륙 전 서비스, 착륙 후 서비스"

등... 밀접하게 연관성 있는 능력단위를 합본하여, 학생들로 하여금 체계적인 선수 및 후수 학습을 가능하게 하였다.

따라서 본 교재의 특징인 최신 사진과 객실승무경력 32년 저자의 경험을 담은 글을 함께 학습하면, NCS 항공객실서비스 항공 기내방송 업무분야에서 원하는 모든 항공지식을 습득 · 함양할 수 있을 것이다. 또한 예비 승무원들이 원하는 항공사에 입사 후, 기내방송에 관해 재교육의 필요 없이 객실승무비행에 임할 수 있는 방송자격과 지식을 갖추게 될것이라 자신하고 싶다. 그리고 입사 후 항공객실서비스에 대해 재교육을 받을시에는 교재의 선 학습효과로 인해 어느 훈련생보다도 상당히 우수한 기내방송 성적으로 신입승무원 객실훈련과정을 수료하지 않을까 확신한다. 이는 곧 국가와 항공회사의 신입승무원 방송 재교육이라는 큰 부담을 덜어주는 촉매제 역할을 하게 될 것이며, 아울러 개인 · 항공회사 · 국가의 경쟁력 강화로 이어지지 않을까 생각한다.

2017년 6월 저자 씀

NCS란 무엇인가?

국가직무능력표준(NCS)은 무엇인가요?

국가직무능력표준(NCS, National Competency Standards)은 산업현장에서 직무를 수행하기 위해 요구되는 지식·기술·소양 등의 내용을 국가가 체계화한 것입니다.

● 국가직무능력표준 개념도

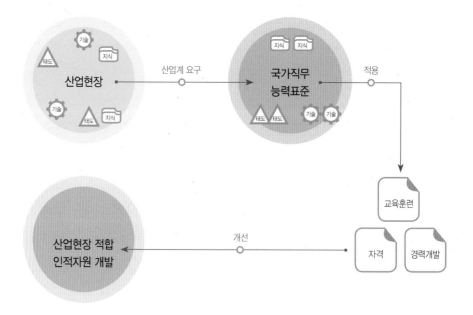

● 직무능력 : 일을 할 수 있는 On-spec인 능력

- 직업인으로서 갖추어야 할 공통 능력
- 해당 직무를 수행하는 데 필요한 역량(지식, 기술, 태도)

[인용출처: NCS 항공객실서비스]

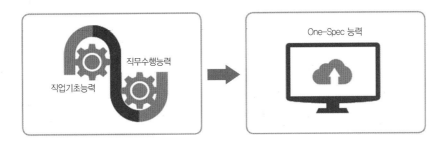

이렇게 달라졌어요!
보다 효율적이고 현실적인 대안 마련

① 실무중심의 교육 · 훈련과정 개편

② 국가자격의 종목 신설 및 재설계

③ 산업현장 직무에 맞게 자격시험 전면 개편

④ NCS채용을 통한 기업의 능력중심 인사관리 및 근로자의 평생경력

개발 관리 재편

국가직무능력표준이 왜 필요한가요?

능력 있는 인재를 개발해 핵심인프라를 구축하고,
나라가 국가경쟁력을 향상시키기 위해 국가직무능력표준이 필요합니다.

• 기업은 직무분석자료, 인적자원관리 도구, 인적자원개발 프로그램, 특화자격 신설, 일자리정보
제공 등을 원합니다.
• 기업교육훈련기관은 산업현장의 요구에 맞는 맞춤형 교육훈련과정을 개설하여 운영하기를 원
합니다.

[인용출처: NCS 항공객실서비스]

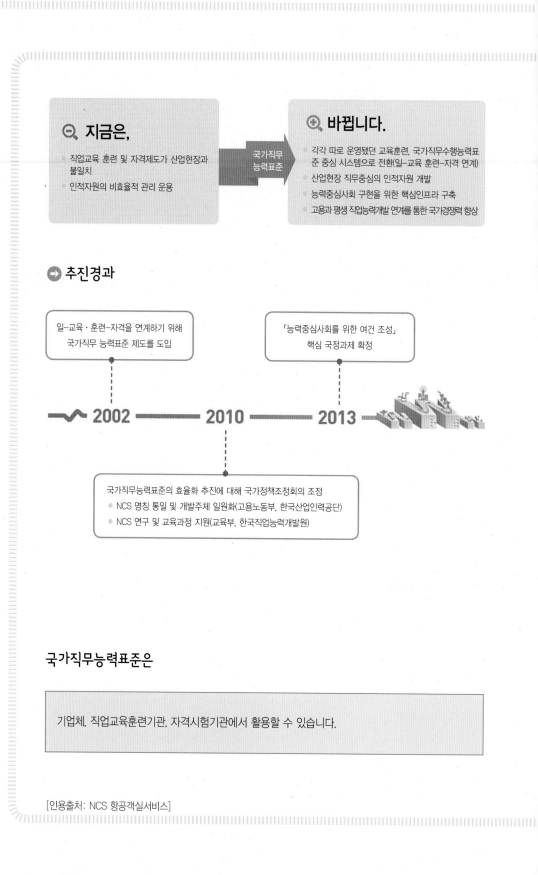

🔍 지금은,

- 직업교육 훈련 및 자격제도가 산업현장과 불일치
- 인적자원의 비효율적 관리 운용

국가직무
능력표준

🔍 바뀝니다.

- 각각 따로 운영됐던 교육훈련, 국가직무수행능력표준 중심 시스템으로 전환(일–교육 훈련–자격 연계)
- 산업현장 직무중심의 인적자원 개발
- 능력중심사회 구현을 위한 핵심인프라 구축
- 고용과 평생 직업능력개발 연계를 통한 국가경쟁력 향상

➡ 추진경과

일–교육 · 훈련–자격을 연계하기 위해
국가직무 능력표준 제도를 도입

「능력중심사회를 위한 여건 조성」
핵심 국정과제 확정

2002 ━━━ **2010** ━━━ **2013**

국가직무능력표준의 효율화 추진에 대해 국가정책조정회의 조정
- NCS 명칭 통일 및 개발주체 일원화(고용노동부, 한국산업인력공단)
- NCS 연구 및 교육과정 지원(교육부, 한국직업능력개발원)

국가직무능력표준은

기업체, 직업교육훈련기관, 자격시험기관에서 활용할 수 있습니다.

[인용출처: NCS 항공객실서비스]

➲ 국가직무능력표준 활용범위

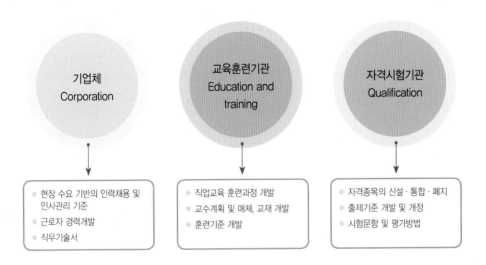

[국가직무능력표준 능력단위 구성]

● 능력단위는 능력단위 분류번호, 능력단위 정의, 능력단위 요소(수행준거, 지식 · 기술 · 태도),
　적용범위 및 작업상황, 평가지침, 직업기초능력으로 구성

[인용출처: NCS 항공객실서비스]

구성항목	내 용
01. 능력단위 분류기호 (competency unit code)	• 능력단위를 구분하기 위하여 부여되는 일련번호로서 14자리로 표현
02. 능력단위 명칭 (competency unit title)	• 능력단위의 명칭을 기입한 것
03. 능력단위 정의 (competency unit description)	• 능력단위의 목적, 업무수행 및 활용범위를 개략적으로 기술
04. 능력단위 요소 (competency unit element)	• 능력단위를 구성하는 중요한 핵심 하위능력을 기술
05. 수행준거 (performance criteria)	• 능력단위 요소별로 성취 여부를 판단하기 위하여 개인이 도달해야 하는 수행의 기준을 제시
06. 지식·기술·태도(KSA)	• 능력단위 요소를 수행하는 데 필요한 지식·기술·태도
07. 적용범위 및 작업상황 (range of variable)	• 능력단위를 수행하는 데 있어 관련되는 범위와 물리적 혹은 환경적 조건 • 능력단위를 수행하는 데 있어 관련되는 자료, 서류, 장비, 도구, 재료
08. 평가지침 (guide of assessment)	• 능력단위의 성취 여부를 평가하는 방법과 평가 시 고려되어야 할 사항
09. 직업기초능력 (key competency)	• 직업인으로서 기본적으로 갖추어야 할 공통능력

수준체계

• 국가직무능력표준의 수준체계는 산업현장 직무의 수준을 체계화한 것으로, '산업현장 – 교육훈련 – 자격' 연계, 평생학습능력 성취 단계 제시, 자격의 수준체계 구성에서 활용합니다.

• 국가직무능력표준 개발 시 8단계의 수준체계에 따라 능력단위 및 능력단위 요소별 수준을 평정하여 제시합니다.

[인용출처: NCS 항공객실서비스]

수준	항목	내 용
8수준	정의	• 해당 분야에 대한 최고도의 이론 및 지식을 활용하여 새로운 이론을 창조할 수 있고, 최고도의 숙련으로 광범위한 기술적 작업을 수행할 수 있으며, 조직 및 업무 전반에 대한 권한과 책임이 부여된 수준
	지식기술	• 해당 분야에 대한 최고도의 이론 및 지식을 활용하여 새로운 이론을 창조할 수 있는 수준 • 최고도의 숙련으로 광범위한 기술적 작업을 수행할 수 있는 수준
	역량	• 조직 및 업무 전반에 대한 권한과 책임이 부여된 수준
	경력	• 수준 7에서 2~4년 정도의 계속 업무 후 도달 가능한 수준
7수준	정의	• 해당 분야의 전문화된 이론 및 지식을 활용하여, 고도의 숙련으로 광범위한 작업을 수행할 수 있으며, 타인의 결과에 대하여 의무와 책임이 필요한 수준
	지식기술	• 해당 분야의 전문화된 이론 및 지식을 활용할 수 있으며, 근접분야의 이론 및 지식을 사용할 수 있는 수준 • 고도의 숙련으로 광범위한 작업을 수행하는 수준
	역량	• 타인의 결과에 대하여 의무와 책임이 필요한 수준
	경력	• 수준 6에서 2~4년 정도의 계속 업무 후 도달 가능한 수준
6수준	정의	• 독립적인 권한 내에서 해당 분야의 이론 및 지식을 자유롭게 활용하고 일반적인 숙련으로 다양한 과업을 수행하며, 타인에게 해당 분야의 지식 및 노하우를 전달할 수 있는 수준
	지식기술	• 해당 분야의 이론 및 지식을 자유롭게 활용할 수 있는 수준 • 일반적인 숙련으로 다양한 과업을 수행할 수 있는 수준
	역량	• 타인에게 해당 분야의 지식 및 노하우를 전달할 수 있는 수준 • 독립적인 권한 내에서 과업을 수행할 수 있는 수준
	경력	• 수준 5에서 1~3년 정도의 계속 업무 후 도달 가능한 수준
5수준	정의	• 포괄적인 권한 내에서 해당 분야의 이론 및 지식을 사용하여 매우 복잡하고 비일상적인 과업을 수행하고, 타인에게 해당 분야의 지식을 전달할 수 있는 수준
	지식기술	• 해당 분야의 이론 및 지식을 사용할 수 있는 수준 • 매우 복잡하고 비일상적인 과업을 수행할 수 있는 수준

[인용출처: NCS 항공객실서비스]

수준	항목	내 용
5수준	역량	• 타인에게 해당 분야의 지식을 전달할 수 있는 수준 • 포괄적인 권한 내에서 과업을 수행할 수 있는 수준
	경력	• 수준 4에서 1~3년 정도의 계속 업무 후 도달 가능한 수준
4수준	정의	• 일반적인 권한 내에서 해당 분야의 이론 및 지식을 제한적으로 사용하여, 복잡하고 다양한 과업을 수행하는 수준
	지식기술	• 해당 분야의 이론 및 지식을 제한적으로 사용할 수 있는 수준 • 복잡하고 다양한 과업을 수행할 수 있는 수준
	역량	• 일반적인 권한 내에서 과업을 수행할 수 있는 수준
	경력	• 수준 3에서 1~4년 정도의 계속 업무 후 도달 가능한 수준
3수준	정의	• 제한된 권한 내에서 해당 분야의 기초이론 및 일반지식을 사용하여 다소 복잡한 과업을 수행는 수준
	지식기술	• 해당 분야의 이론 및 지식을 자유롭게 활용할 수 있는 수준 • 일반적인 숙련으로 다양한 과업을 수행할 수 있는 수준
	역량	• 제한된 권한 내에서 과업을 수행하는 수준
	경력	• 수준 2에서 1~3년 정도의 계속 업무 후 도달 가능한 수준
2수준	정의	• 일반적인 지시 및 감독 하에 해당 분야의 일반 지식을 사용하여, 절차화되고 일상적인 과업을 수행하는 수준
	지식기술	• 해당 분야의 일반지식을 사용할 수 있는 수준 • 절차화되고 일상적인 과업을 수행하는 수준
	역량	• 일반적인 지시 및 감독 하에 과업을 수행하는 수준
	경력	• 수준 1에서 6~12개월 정도의 계속 업무 후 도달 가능한 수준
1수준	정의	• 구체적인 지시 및 철저한 감독 하에 문자이해, 계산능력 등 기초적인 일반지식을 사용하여 단순하고 반복적인 과업을 수행는 수준
	지식기술	• 문자이해, 계산능력 등 기초적인 일반지식을 사용할 수 있는 수준 • 단순하고 반복적인 과업을 수행는 수준
	역량	• 구체적인 지시 및 철저한 감독 하에 과업을 수행는 수준

[인용출처: NCS 항공객실서비스]

➡ 분류번호 체계

- 국가직무능력표준의 분류번호는 국가직무능력표준의 구성단위인 능력단위에 대한 식별번호로 대분류, 중분류, 소분류, 세분류, 능력단위 및 개발연도로 구성됩니다.

- 대분류 : 대분류의 2자리 숫자(2 digit)

- 중분류 : 대분류 중 중분류의 2자리 숫자(2 digit)

- 소분류 : 중분류 중 소분류의 2자리 숫자(2 digit)

- 세분류 : 소분류 중 세분류의 2자리 숫자(2 digit)

- 능력단위 : 세분류 중 능력단위 연번으로 2자리 숫자(2 digit)

- 개발연도 : 능력단위 개발 · 보완 연도 2자리 숫자(2012년 → 12)로 작성하되, 앞의 분류와 구분하기 위하여 "-" 이후에 연도 기입

- 버전 : 표준 개발 순서 2자리(첫 번째 → v, 두 번째 → 숫자)/(2 digit)

0101010101_12v1

01	01	01	01	01	−	12	v1
대분류	중분류	소분류	세분류	능력단위	−	개발연도	버전

[국가직무능력표준 분류번호 체계]

[인용출처: NCS 항공객실서비스]

직무명 : 항공객실서비스

1. 직무 개요

(1) 직무 정의

> 항공객실서비스란 객실 안전관리, 승객 탑승 전 준비, 승객 탑승 서비스, 이륙 전 서비스, 비행 중 서비스, 착륙 전 서비스, 착륙 후 서비스, 승객 하기 후 관리, 응급환자 대처, 객실승무 관리를 하는 일이다.

(2) 능력단위

[인용출처: NCS 항공객실서비스]

(3) 능력단위별 능력단위요소

분류번호	능력단위	수준	능력단위요소
1203010501_15v2	기내 안전관리	3	승객 탑승 전 안전 · 보안 점검하기
			항공기 이 · 착륙 전 안전 · 보안 관리하기
			비행 중 안전 · 보안 관리하기
			착륙 후 안전 · 보안 점검 · 관리
			비상사태 발생 시 대응하기
			상황별 안전안내 방송하기
1203010502_13v1	승객 탑승 전 준비	3	기내 서비스용품 점검하기
			서비스 설비 및 기물 점검하기
			특별 서비스 요청사항 점검하기
1203010503_16v2	승객 탑승 및 이륙 전 서비스	3	탑승위치 대기하기
			탑승권 재확인하기
			좌석 안내하기
			수하물 정리 지원하기
			특수 고객 지원하기
1203010504_13v1	비행 중 서비스	3	기내 음료 제공하기
			기내식 제공하기
			기내 오락물 제공하기
			면세품 판매하기
			객실 상태 점검하기
1203010505_16v2	착륙 전 서비스	3	입국 서류 배포 및 작성 지원하기
			기내 용품 회수하기
			기내 서비스 용품 및 면세품 재고 확인하기
1203010506_16v2	착륙 후 서비스	3	승객 하기 지원하기
			특수 고객 지원하기

[인용출처: NCS 항공객실서비스]

분류번호	능력단위	수준	능력단위요소
1203010507_13v1	승객 하기 후 관리	3	유실물 점검하기
			잔류 승객 점검하기
			기내 설비 점검하기
			기내 용품 인수·인계하기
1203010508_13v1	응급환자 대처	3	응급환자 발생상황 파악·보고하기
			응급환자 초기 대응하기
			응급환자 후속 관리하기
			환자 대처 상황 기록하기
1203010509_16v2	객실승무 관리	4	객실 승무원별 근무 배정하기
			운항·객실 간 정보 공유하기
			불만승객 관리하기
			출·도착 서류 작성·관리하기
			객실서비스 관리하기
1203010512_16v1	항공 기내방송 업무	3	항공 기내방송 준비하기
			정상적 상황 방송하기
			비정상 상황 방송하기
			비상 상황 방송하기
1203010513_16v1	고객만족 서비스	3	서비스 마인드 함양하기
			이미지 메이킹하기
			불만고객 대처하기

[인용출처: NCS 항공객실서비스]

항공 기내방송 업무

| 분류번호 : 1203010512_16v1 |
| 능력단위 명칭 : 항공 기내방송 업무 |
| 능력단위 정의 : 항공 기내방송 업무란 이류 전부터 다양한 정상적 상황(이류 전, 이류 후, 착륙 후), 비정상적 상황(Irregular), 비상 상황(Emergency)을 안내하는 방송능력이다. |

능력단위요소	수 행 준 거
1203010512_16v1.1 항공 기내방송 준비하기	1.1 운송서비스 규정에 따라 방송에 필요한 국가별 항공기 코드를 파악할 수 있다. 1.2 운송서비스 규정에 따라 방송에 필요한 국가별 도시와 공항 명을 파악할 수 있다. 1.3 그리니치 평균시(GMT)에 따라 도착지 시차를 계산할 수 있다.
	【지 식】 ● 운송서비스 규정(안내) ● 운송서비스 규정(안내)의 정보 파악
	【기 술】 ● 국가별 코드 파악을 위한 영어능력 ● 국가별 시차 계산능력
	【태 도】 ● 성실한 태도 ● 정확성 유지
1203010512_16v1.2 정상적 상황 방송하기	2.1 객실서비스 규정에 따라 정상적인 상황 방송에 필요한 기본정보를 파악할 수 있다. 2.2 객실서비스 규정에 따라 방송에 적합한 표준어와 언어를 구사할 수 있다. 2.3 객실서비스 규정에 따라 탑승환영 안내방송을 할 수 있다. 2.4 객실서비스 규정에 따라 좌석벨트 상시착용 안내 및 목적지 접근안내 방송을 할 수 있다. 2.5 객실서비스 규정에 따라 도착 안내방송을 할 수 있다.
	【지 식】 ● 객실서비스 규정(안내) ● 기내방송 규정(안내) ● 한국어, 영어 및 목적지 국가 언어(일본어, 중국어 등) 이해

[인용출처: NCS 항공객실서비스]

능력단위요소	수 행 준 거
1203010512_16v1.2 정상적 상황 방송하기	【기술】 ● 영어, 일어, 중국어 구사 능력 ● 표준어 구사 기술 ● 음성 표현 기술 ● 기내 방송시스템 사용기술 및 안내방송 기술 【태도】 ● 친절한 태도 ● 정확성 유지 ● 꼼꼼한 태도
1203010512_16v1.3 비정상 상황 방송하기	3.1 객실서비스 규정에 따라 비정상적 상황 방송에 필요한 기본정보를 파악할 수 있다. 3.2 객실서비스 규정에 따라 지연 및 대기 안내 방송을 할 수 있다. 3.3 객실서비스 규정에 따라 변경 및 교체, 고객 불편 안내방송을 할 수 있다. 3.4 객실서비스 규정에 따라 Turbulence 방송을 할 수 있다. 【지식】 ● 객실서비스 규정(안내) ● 기내방송 규정(안내) ● 한국어, 영어 및 목적지 국가 언어(일본어, 중국어 등) 이해 【기술】 ● 영어, 일어, 중국어 구사 능력 ● 표준어 구사 기술 ● 음성 표현 기술 【태도】 ● 친절한 태도 ● 정확성 유지
1203010512_16v1.4 비상 상황 방송하기	4.1 객실서비스 규정에 따라 비상 상황 방송에 필요한 정보를 파악할 수 있다. 4.2 객실서비스 규정에 따라 기내 난동승객 발생 안내방송을 할 수 있다. 4.3 객실서비스 규정에 따라 상황별 비상사태 안내방송을 할 수 있다.

[인용출처: NCS 항공객실서비스]

능력단위요소	수 행 준 거
1203010512_16v1.4 비상 상황 방송하기	【지식】 ● 객실서비스 규정(안내) ● 기내방송 규정(안내) ● 한국어, 영어 및 목적지 국가 언어(일본어, 중국어 등) 이해
	【기술】 ● 영어, 일어, 중국어 구사 능력 ● 표준어 구사 기술 ● 음성 표현 기술
	【태도】 ● 친절한 태도 ● 정확성 유지

항공 기내방송 업무 자가진단표

1203010512_16v1	항공 기내방송 업무

진단영역	진 단 문 항	매우 미흡	미흡	보통	우수	매우 우수
항공 기내방송 준비하기	1. 나는 운송서비스 규정에 따라 방송에 필요한 국가별 항공기 코드를 파악할 수 있다.	①	②	③	④	⑤
	2. 나는 운송서비스 규정에 따라 방송에 필요한 국가별 도시와 공항 명을 파악할 수 있다.	①	②	③	④	⑤
	3. 나는 그리니치 평균시(GMT)에 따라 도착지 시차를 계산할 수 있다.	①	②	③	④	⑤
정상적 상황 방송하기	1. 나는 객실서비스 규정에 따라 정상적인 상황 방송에 필요한 기본정보를 파악할 수 있다.	①	②	③	④	⑤
	2. 나는 객실서비스 규정에 따라 방송에 적합한 표준어와 언어를 구사할 수 있다.	①	②	③	④	⑤
	3. 나는 객실서비스 규정에 따라 탑승환영 안내방송을 할 수 있다.	①	②	③	④	⑤

[인용출처: NCS 항공객실서비스]

진단영역	진단문항	매우 미흡	미흡	보통	우수	매우 우수
정상적 상황 방송하기	4. 나는 객실서비스 규정에 따라 좌석벨트 상시착용 안내 및 목적지 접근 안내방송을 할 수 있다.	①	②	③	④	⑤
	5. 나는 객실 서비스 규정에 따라 도착 안내방송을 할 수 있다.	①	②	③	④	⑤
비정상 상황 방송하기	1. 나는. 객실서비스 규정에 따라 비정상적 상황 방송에 필요한 기본정보를 파악할 수 있다.	①	②	③	④	⑤
	2. 나는 객실서비스 규정에 따라 지연 및 대기 안내방송을 할 수 있다.	①	②	③	④	⑤
	3. 나는 객실서비스 규정에 따라 변경 및 교체, 고객 불편 안내방송을 할 수 있다.	①	②	③	④	⑤
	4. 나는 객실서비스 규정에 따라 Turbulence 방송을 할 수 있다.	①	②	③	④	⑤
비상 상황 방송하기	1. 나는 객실서비스 규정에 따라 비상 상황 방송에 필요한 정보를 파악할 수 있다.	①	②	③	④	⑤
	2. 나는 객실서비스 규정에 따라 기내난동 승객 발생 안내방송을 할 수 있다.	①	②	③	④	⑤
	3. 나는 객실서비스 규정에 따라 상황별 비상사태 안내방송을 할 수 있다.	①	②	③	④	⑤

[진단결과]

진단영역	문항 수	점수	점수 ÷ 문항 수
항공 기내방송 준비하기	3		
정상적 상황 방송하기	5		
비정상 상황 방송하기	4		
비상 상황 방송하기	3		
합계	15		

☞ 자신의 점수를 문항 수로 나눈 값이 3점 이하에 해당하는 영역은 업무를 성공적으로 수행하는데 요구하는 능력이 부족한 것으로, 교육훈련이나 개인학습을 통한 개발이 필요함.

[인용출처: NCS 항공객실서비스]

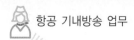

CONTENTS

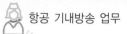

CONTENTS

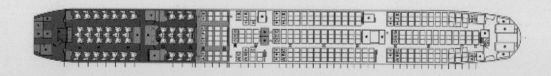

항공 기내방송 업무

교재 활용법

본 교재의 학습능률을 높이기 위해 NCS(국가직무능력표준, www.ncs.go.kr) 홈페이지 접속 후 ① 분야별 검색 ▶ ② 12번 항목 숙박, 여행, 오락(대분류) ▶ ③ 3번 항목 관광레저(중분류) ▶ ④ 1번 항목 여행서비스(소분류) ▶ ⑤ 5번 항목 항공객실서비스(세분류) 순으로 검색하면 나타나는 항공객실서비스 능력단위 페이지 내 기술되어 있는 "NCS 항공객실서비스 능력단위별 학습모듈"과 병행학습하면 우수한 학습효과를 얻을 수 있다.

능력단위정의

항공 기내방송 업무란 이륙 전부터 다양한 정상적 상황(이륙 전, 이륙 후, 착륙 후), 비정상적 상황(Irregular), 비상상황(Emergency)을 안내하는 방송능력이다.

- 이 능력단위는 객실서비스 규정에 따라 항공기 내 다양한 상황별 정상적 상황(이륙 전, 이륙 후, 착륙 후), 비정상 상황(Irregular), 비상 상황(Emergency)방송을 수행업무에 적용한다.
- 운송서비스 규정에 따라 방송에 필요한 정보는 국가별 도시와 공항 명을 포함한다.
- 운송서비스 규정에 따라 방송에 필요한 시차정보는 그리니치 평균시를 기준으로 한다.
- 객실서비스 규정에 따라 방송에 필요한 정보는 기장, 비행시간, 출발지, 목적지를 포함한다.
- 객실서비스 규정에 따라 방송에 필요한 언어는 한국어, 영어 및 목적지 국가 언어(일본어, 중국어 등)를 포함한다.

분류번호: 1203010512-16v1

항공 기내방송
준비하기

1. 국가별 항공기 코드

2. 주요도시 IATA 3 LETTER CITY CODE

3. 주요공항 IATA 3 LETTER CODE

Chapter

01

항공 기내방송 준비하기

수행 준거

1.1 운송서비스 규정에 따라 방송에 필요한 국가별 항공기 코드를 파악할 수 있다.

1.2 운송서비스 규정에 따라 방송에 필요한 국가별 도시와 공항 명을 파악할 수 있다.

[출처] : NCS 항공객실서비스

 ## 01 국가별 항공기 코드

세계 항공사와 모든 공항 명을 약자로 구성해서 사용하는 코드는 크게 IATA와 ICAO 기구의 두 방식이 있으며, IATA는 국제항공운송협회(International Air Transport Assoscitation)의 약자로서, 국제 항공료를 합의하는 국제적인 무역기구이고, ICAO 국제민간항공기구(International Civil Aviation Organization)는 UN 산하의 전문기구로써, 국제항공운송에 필요한 원칙과 기술 및 안전에 대해 연구하는 기구이다.

두 기구의 코드는 구성방식이나 조합법이 상이하나 현재 지구촌 모든 항공사에서 공항 코드와 항공사 코드로는 주로 IATA의 코드를 사용하고 있다.

전세계에는 대략 300개가 넘는 항공사들이 항공 운수업을 하고 있으며, 그 수가 워낙 많다보니 수많은 항공사들 중에서 한 곳을 찾기 위해서는 아무래도 항공사들의 긴 이름보다는 부호나 코드로 찾아 내는 것이 훨씬 더 수월할 것이라 예비항공인 여러분도 생각할 것이다. 그러한 이유로 항공사들마다 각자만의 운

항 스케줄 관리, 전산처리 등 부문에서 다른 항공사들과 구분
하기 위해 IATA 코드와 ICAO 코드, 이렇게 자사를 의미하는 2
개의 고유 코드를 가지고 있으며, 이 두 코드는 항공사가 설립
되면 IATA(International Air Transport Association), 즉 국제항공운송협회
에서 해당 신생 항공사가 배정받기를 원하는 코드를 배정해 줌
으로서 비로소 정식 항공사 코드로 정해진다. 그러나 해당 신
생 항공사가 원하는 코드가 이미 다른 항공사에서 쓰고 있는
코드라면 선착순의 원칙에 따라 다른 항공사들이 쓰지 않는 다
른 코드를 생각해 내야 한다.(1977년 케냐항공이 설립된 후 자사 IATA 코드로
KE와 KL을 쓰고 싶었지만, 1969년 설립된 대한항공이 이미 KE를 쓰고 있었고, KL은 그보다 더 오래된 KLM이 쓰고
있어서 하는 수 없이 다른 코드인 KQ를 쓰게 된 이유가 바로 이런 이유이다.)

　IATA 항공사 코드는 IATA에서 고안해 낸 코드로 세계 각 항공사들에게 부여
한 코드이며, 구분의 편의성을 위해 알파벳이나 숫자로 이루어진 알파벳 2자(2
Letter code)로 구성되어 있다. 주로 항공권을 발권 및 예약할 경우나 항공사 노선
스케줄 등에서 많이 쓰여 우리에게는 친숙한 코드이지만, 그 수가 적지 않아 항
공전공을 하지 않은 일반인들이 세계의 유명 항공사가 아닌 이상 IATA 2 Letter
코드를 보고 항공사 이름을 바로 떠올릴 수 없다는 어려움이 있으리라 생각된다.

　다른 하나는 요즘 지구촌 항공사들의 수가 점점 많아지고 있어 경우에 따라
두 항공사가 하나의 IATA 코드를 공유하는, 코드가 중복되는 경우도 볼 수 있
다는 점이라 할 수 있다. 예를 들면, 대한한공을 토대로 생성된 대한항공 저가
항공사인 진에어(Jin Air)가 서아프리카에 위치한 작은 나라인 시에라리온(Sierra Le-
one)의 국영항공 시에라 국영항공(Sierra National Airlines)과 'LJ'라는 같은 IATA 코드
를 공유하고 있다는 것이다.

　ICAO 항공사 코드는 ICAO (International Civil Aviation Organization), 즉 UN 산하 국제민
간항공기구에서 만든 항공사 코드로, 1980년대 이후 전 세계적으로 항공사 수
가 급격하게 증가하면서 IATA 코드가 몇몇 항공사들에게 중복되는 경우가 나
타나게 되자, 이러한 한계에서 벗어나기 위해 1985년 ICAO에서 이 새로운 코

드를 고안해내었다. 이 코드가 IATA에 의해 정식으로 채택되어 현재 전세계 항공사들에게 IATA 코드와 동시에 같이 부여되고 있다.

알파벳 3글자(3 Letter code)로 구성되며, IATA와 달리 중복이 될 가능성이 현저히 낮고 각 항공사들이 ICAO 코드에 KAL, JAL. PAL, KLM같이 자신들의 상징을 갖다 붙였기 때문에 코드를 보고도 항공사 이름을 비교적 쉽게 떠올릴 수 있다는 장점이 있다. 그러나 기존에 쓰이던 IATA 코드보다 늦게 만들어졌고 편의성에서 약간 떨어지는 면이 있어, IATA 코드에 비해 많이 쓰이지는 않기에 항공업계에서는 일반적으로 IATA 코드보다는 친숙하지 않는 경향이 있다.

☑ IATA 항공사 2 LETTER CODE

인천 / 김포 국제공항 취항하는 61개 국가 항공사 IATA 2 LETTER 코드

IATA CODE 예 :
· 도시코드(CITY CODE), 공항코드(AIRPORT CODE)는 3 LETTERS 로
· 항공사코드(AIRLINE CODE)는 2 LETTERS 로 구성된다.

코드	국적 / 항공사 이름
AA	미국 / 아메리칸 에어라인
AC	캐나다 / 에어캐나다
AE	중국 / 만다린 항공
AF	프랑스 / 에어프랑스 항공사
AI	인디아 / 인도항공
AY	핀란드 / 핀에어
AZ	이탈리아 / 알리타리아항공
BA	영국 / 영국항공

코드	국적 / 항공사 이름
BR	대만 / 에바항공
BX	대한민국 / 에어부산
CA	중국 / 중국국제항공
CI	중국 / 중화항공
CX	홍콩 / 캐세이패시픽항공
CZ	중국 / 중국남방항공
DL	미국 / 델타항공
EK	아랍에미레이트 / 에미레이트항공
ET	에디오피아 / 에디오피아 항공
EY	아랍에미레이트 / 에티하드항공
GA	인도네시아 / 가루다인도네시아항공
HA	미국 / 하와이안 항공
HU	중국 / 하이난 항공
HX	홍콩 / 홍콩항공
HY	우즈베키스탄 / 우즈벡항공
IT	대만 / 타이거에어
JL	일본 / 일본항공
KA	홍콩 / 드래곤에어
KC	카자흐스탄 / 에어아스타나
KE	대한민국 / 대한항공
KL	네덜란드 / 케이엘엠항공
KQ	케냐 / 케냐항공
LH	독일 / 루프트한자항공
LJ	대한민국 / 진에어
LO	폴란드 / 폴란드항공
MF	중국 / 중국하문항공
MH	말레이시아 / 말레이시아항공
MU	중국 / 중국동방항공
NH	일본 / 전일본 공수항공
NX	마카오 / 에어마카오
OK	체코 / 체코항공
OM	몽골 / 미아트몽골리안항공
OZ	대한민국 / 아시아나항공
PR	필리핀 / 필리핀항공

코드	국적 / 항공사 이름
QF	호주 / 콴타스항공
QR	카타르 / 카타르항공
RS	대한민국 / 에어서울
R3	러시아 / 야쿠티아항공
SC	중국 / 산동항공
SQ	싱가포르 / 싱가포르항공
SU	러시아 / 아에로플로트 항공
TG	태국 / 타이항공
TK	터키 / 터키항공
TW	대한민국 / 티웨이항공
TZ	싱가포르 / 스쿠트 항공
UA	미국 / 유나이티드항공
VJ	베트남 / 비엣젯항공
VN	베트남 / 베트남항공
ZA	캄보디아 / 스카이앙코르항공
ZE	대한민국 / 이스타항공
ZH	중국 / 심천항공
5J	필리핀 / 세부퍼시픽 항공
7C	대한민국 / 제주항공

02 주요도시 IATA 3 LETTER CITY CODE

CODE	도시	도시(국가)
AKL	AUCKLAND	오클랜드(뉴질랜드)
ALA	ALMATY	알마티(카자하스탄)
AMS	AMSTERDAM	암스테르담(네덜란드)

CODE	도시	도시(국가)
ANC	ANCHORAGE	앵커리지(미국)
AOJ	AOMORI	아오모리(일본)
ATH	ATHENS	아테네(그리스)
ATL	ATLANTA	아틀란타(미국)
AUH	ABU DHABI	아부다비(아랍에미레이트)
BAH	BAHRAIN	바레인(바레인)
BCN	BARCELONA	바르셀로나(스페인)
BER	BERLIN	베를린(독일)
BGW	BAGDAD	바그다드(이라크)
BJS	BEIJING	북경(중국)
BKI	KOTA KINABALU	코타키나발루(말레이시아)
BKK	BANGKOK	방콕(태국)
BNE	BRISBANE	브리즈번(오스트레일리아)
BOM	BOMBAY	뭄베이(인도)
BOS	BOSTON	보스턴(미국)
BRU	BRUSSELS	브뤼셀(벨기에)
BSL	BASEL	바셀(스위스)
BTK	BRATSK	브라트스크(러시아)
CAI	CAIRO	카이로(이집트)
CAN	GUANGZHOU	광저우(중국)
CCU	CALCUTTA	캘커타(인도)
CDG	CHARLES DE GAULLE	파리(드골공항, 프랑스)
CHC	CHRISTCHURCH	크라이스트처치(뉴질랜드)
CHI	CHICAGO	시카고(미국)
CGK	SOEKARKO HATTA	소에카르노 하타(인도네시아)
CGQ	CHANGCHUN	창춘(중국)
CMB	COLOMBO	콜롬보(스리랑카)
CPH	COPENHAGEN	코펜하겐(덴마크)
CTS	CHITOSE	삿뽀로공항(일본)
DCA	WASHINGTON D.C.	워싱턴(미국)
DEL	DELHI	델리(인도)
DFW	DALLAS FORT WORTH	포트워스(미국)
DHA	DHAHRAN	다란(사우디아라비아)
DLC	DALIAN	대련(중국)

CODE	도시	도시(국가)
DPS	DENPASAR	덴파사르 발리(인도네시아)
DTW	DETROIT	디트로이트(미국)
DXB	DUBAI	두바이(아랍에미레이트)
EWR	NEWARK	뉴워크공항(미국)
FAI	FAIRBANKS	훼어뱅크(미국)
FCO	LEONARDO DA VINCI	로마 레오나르도 다빈치공항(이탈리아)
FNJ	PYONG YANG	평양(북한)
FRA	FRANKFRUT	프랑크푸르트(독일)
FRU	FRUNZE	프룬즈(키르기스탄)
FUK	FUKUOKA	후쿠오카(일본)
GIG	RIO DE JANEIRO	리우데자네이루공항(브라질)
GRU	SAO PAULO	상파울루공항(브라질)
GUM	GUAM	괌(미국)
GVA	GENEVA	제네바(스위스)
HAN	HANOI	하노이(베트남)
HEL	HELSINKI	헬싱키(핀란드)
HIJ	HIROSHIMA	히로시마(일본)
HKG	HONG KONG	홍콩
HND	HANEDA	도쿄 하네다공항(일본)
HNL	HONOLULU	호놀룰루(미국)
HOU(IAH)	HOUSTON	휴스턴(미국)
HRB	HHARBIN	하얼빈(중국)
IAD	WASHINGTON	워싱턴 둘레스공항(미국)
JED	JEDDAH	제다(사우디아라비아)
JFK	NEWYORK	뉴욕 케네디공항(미국)
KCH	KUCHING	쿠칭(말레이시아)
KIX	OSAKA	간사이공항(일본)
KJA	KRASNOJARSK	크라스노야르스크(러시아)
KHI	KARACHI	카라치(파키스탄)
KHV	HAVAROVSK	하바로프스키(러시아)
KMJ	KUMAMOTO	쿠마모토(일본)
KMQ	KOMATSU	고마쓰(일본)
KOJ	KAGOSHIMA	가고시마(일본)
KUL	KUALA LUMPUR	쿠알라룸프르(말레이시아)

CODE	도시	도시(국가)
KWI	KUWAIT	쿠웨이트
LAX	LOS ANGELS	로스엔젤레스(미국)
LHR	LONDON	런던 히드로공항(영국)
LUX	LUXEMBOURG	룩셈부르크
MAD	MADRID	마드리드(스페인)
MCO	ORLANDO	올란도공항(미국)
MEB	MELBOURNE	멜버른(호주)
MFM	MACAU	마카오(중국)
MIL	MILAN	밀란(이탈리아)
MNL	MANILA	마닐라(필리핀)
MOW	MOSCOW	모스크바(러시아)
MSP	MINNEAPOLIS	미니애폴리스(미국)
MXP	MILAN	말펜사공항(이탈리아)
NGO	NAGOYA	나고야(일본)
NGS	NAGASAKI	나가사키(일본)
NRT	TOKYO	도쿄 나리타공항(일본)
NYC	NEW YORK	뉴욕(미국)
OAK	SAN FRANCISCO	센프란시스코 오클랜드공항(미국)
OIT	OITA	오이타(일본)
OKA	OKINAWA	오키나와(일본)
OKJ	OKAYAMA	오키야마(일본)
ORD	CHICAGO	시카고 오헤어공항(미국)
ORY	PARIS	파리 오를리공항(프랑스)
OSA	OSAKA	오사카(일본)
OVB	NOVOSIBIRSK	노보시비르스크(러시아)
PAR	PARIS	파리(프랑스)
PDX	POTLAND	포틀랜드(미국)
PEK	BEIJING	북경(중국)
RGN	RANGOON	랑국(버마)
WAS	WASHINGTON	워싱턴(미국)
YEG	EDMONTON	에드먼튼(캐나다)
YGJ	YONAGO	요나고(일본)
YMX	MONTREAL	몬트리올(캐나다)
YTZ	TORONTO	토론토(캐나다)

CODE	도시	도시(국가)
YVR	VANCOUVER	밴쿠버(캐나다)
ZRH	ZURICH	취리히(스위스)
RIO	RIO DE JANEIRO	리우데자네이루(브라질)
ROM	ROME	로마(이탈리아)
RUH	RIYADH	리야드(사우디아라비아)
SAO	SAO PAULO	상파울루(브라질)
SDA	BAGHDAD	바그다드 싸담공항(이라크)
SDJ	SENDAI	센다이(일본)
SEA	SEATTLE	시애틀(미국)
SFO	SAN FRANCISCO	샌프란시스코(미국)
SFS	SUBIC	수빅(필리핀)
SGN	HO CHI MINH	호치민(베트남)
SHA	SHANGHAI	상하이(중국)
SHE	SHENYANG	심양(중국)
SIN	SINGAPORE	싱가포르
SOF	SOFIA	소피아(불가리아)
SPK	SAPPORO	삿뽀로(일본)
SPN	SAIPAN	사이판(미국)
STO	STOCKHOIM	스톡홀름(스웨덴)
SVO	SHEREMETYEVO	모스크바 세레메티예보공항(러시아)
SYD	SYDNEY	시드니(호주)
SYO	SYONAI	소나이(일본)
SZX	SHENZHEN	센진(중국)
TAO	QINGDAO	청도(중국)
TAS	TASHKENT	타슈켄트(우즈베키스탄)
THR	TEHERAN	테헤란(이란)
TIP	TRIPOLI	트리폴리(리비아)
TOY	TOYAMA	도야마(일본)
TPE	TAIPEI	타이페이(대만)
TSN	TIANJIN	천진(중국)
TTJ	TOTTORI	도토리(일본)
TYO	TOKYO	도쿄(일본)
ULN	ULAANBAATAR	울란바토르(몽골)
UUS	YUZHNO-SAKHALINSK	시할린유주노공항(러시아)

CODE	도시	도시(국가)
VIE	VIENNA	비엔나(오스트리아)
VVO	VLADIVOSTOK	블라디보스토크(러시아)

☑ 항공사 구분 IATA와 ICAO 코드의 차이

IATA에서는 도시 명과 공항 코드는 3자리 알파벳 Letter, 항공사는 2자리 알파벳 Letter로 표시하고 있고, ICAO에서는 도시 명, 공항 코드는 4자리 알파벳 Letter, 항공사는 3자리 알파벳 Letter로 표시된다.

IATA 코드는 주로 공항근무하는 승무원 또는 예약·발권을 하는 공항지상직 직원들이 많이 사용하며 ICAO 코드는 항공기를 운항하는 조종사나 관제 시 많이 쓰인다. IATA 코드에서 ICN NRT JFK LHR, 이렇게 표시되면 어떤 국가, 어떤 지역, 어떤 공항을 말하는 것인지 전혀 알 수 없으나, ICAO 코드에서는 지역별로 식별하는 코드 4자리를 사용한다.

ICAO 도시 명과 공항 코드는 앞의 두자리는 국가 코드(우리나라는 RK, 일본은 RJ)를 말하고 극동아시아 지역은 ICAO 분류 중 R로 시작하며, 대한민국의 국가 코드는 K이므로... RK를 사용하게 된다.

예를 들어 서울 김포공항 ICAO 코드는 RKSS이며, 부산 김해공항 ICAO 코드는 RKPK이다. 첫 자리는 세계에 지정된 지역별 코드 R은 극동아시아를 지칭하며, 두 번째는 첫 번째 지역에서 각국에 부여된 코드 K는 대한민국을 의미한다. 세 번째는 대한민국 내 지역에 부여된 코드로 S는 서울·경기, P는 경남경북을 의미하며 네 번째는 각각의 공항 심벌 코드이다. 공항을 알 수 있을만한 글자 RKSS를 분석하면 극동지역, 대한민국, 서울 경기지방의 S공항이라는 말이 된다. RKPK를 분석해도 북서부 태평양의 대한민국의 경남·경북지방의 K공항이라는 말이 되며, 바로 이 코드만 보고 세계 어떤 지역, 어떤 나라, 어떤 지방, 어떤 공항인지 파악이 된다.

최소 4번째 숫자를 몰라도 앞에 3개 단어만으로 어떤지역에 있는 공항인지는 알 수가 있으며, ICAO에서는 항공사에도 IATA와 다른 코드를 부여한다.

IATA 코드는 국제항공운송협회의 코드로서 각 항공사의 2자리 지정 코드가 있으며, 대한항공이 KE 아시아나가 OZ하는 식으로 코드를 부여하고, 이 코드 뒤에 편명을 붙이게 된다. 또한 공항에도 코드를 부여하는데 앞에서 학습하였듯이 IATA 3자리 지정 코드가 있다. 예를 들면 인천 국제공항이 ICN, 제주 국제공항이 CJU, 이런 방법으로 코드를 부여하며, 대부분이 해당 공항의 발음과 유사하게 부여하고 있다.

아래의 예는 도시 명과 공항을 나타내는 ICAO 4 LETTER 코드이다. 위에서도 언급했지만 세계 전체에서의 지역을 가리키는 첫 글자, 해당 지역에서의 나라를 가리키는 두 번째 글자, 그 나라 안에서의 세부적인 지방을 가리키는 세 번째 글자, 공항 명 또는 도시 명 에서 따오는 네 번째 글자로 조합된다.

☑ ICAO 지역 4 LETTER CODE

지역	코드	지역	코드
인천	RKSI	괌	PGUM
강릉	RKNN	나고야	RJNN
광주	RKJJ	도쿄	RJAA
군산	RKJK	로스엔젤레스	KLAX
대구	RKTN	호놀룰루	PHNL
부산	RKPK	하네다	RJTT
김포	RKSS	프라하	LKPR

아래의 예에서 항공사를 나타내는 IATA 2 Letter 코드와 ICAO 3 LETTER 코드를 비교해 보기 바란다.

항공사		IATA	ICAO	국가	항공동맹
대한항공	Koreran Air	KE	KAL		스카이팀
아시아나항공	Asiana Airlines	OZ	AAR		스타얼라이언스
제주항공	Jeju Air	7C	JJA	대한민국	
에어부산	Air Busan	BX	ABL		
진에어	Jin Air	LJ	JNA		
이스타항공	Eastar Jet	ZE	ESR		
티웨이항공	T'way Air	TW	TWB		

03 주요 공항 IATA 3 LETTER CODE

IATA에서 공항은 3 LETTER CODE로 표시되며, 세계 중요한 공항의 코드는 아래와 같다.

 세계 주요 공항 IATA 3 LETTER CODE

3 LETTER CODE	국가	공항 이름
ICN	대한민국	인천 국제공항
GMP	대한민국	김포 국제공항
TPE	대만	타오위안 국제공항
PEK	중국	베이징 서우두 국제공항
HKG	중국	홍콩 국제공항
SIN	싱가포르	창이 국제공항
BKK	태국	방콕 수안나폼 국제공항
RGN	미얀마	양곤 국제공항
DAC	방글라데시	샤잘랄 국제공항
DEL	인도	인디라 간디 국제공항
KHI	파키스탄	지나 국제공항
KBL	아프가니스탄	카불 국제공항
DXB	UAE	두바이 국제공항

3 LETTER CODE	국가	공항 이름
IKA	이란	이맘 호메이니 국제공항
JED	사우디아라비아	킹 압둘 아지즈 국제공항
DME	러시아	도모데도보 공항
JRS	이스라엘	예루살렘공항
CAI	이집트	카이로 국제공항
ATH	그리스	엘레프테리오스 베니젤로스 국제공항
ARN	스웨덴	알란다 국제공항
BER	독일	브란덴부르크 공항
FCO	이탈리아	피우미치노(레오나르도 다빈치) 국제공항
CDG	프랑스	샤를드골 국제공항
MAD	스페인	바하라스 국제공항
LHR	영국	히드로 국제공항
LIS	포르투칼	리스본 포르텔라 국제공항
AMS	네덜란드	스키폴 국제공항
PRG	체코	바츨라프 하벨 국제공항
BUD	헝가리	프란츠 리스트 국제공항
GIG	브라질	갈레앙 안토니오 카를로스 조빙 공항
JFK	미국	존 F 케네디 국제공항
MEX	멕시코	베니토 후아레스 국제공항
WLG	뉴질랜드	웰링턴 국제공항
SYD	오스트레일리아	킹스포드 스미스 국제공항
NRT	일본	나리타 국제공항
KIX	일본	간사이 국제공항

시차(Time difference) 이해하기

1. 시차란 무엇인가?

2. GMT(Greenwich Mean Time), ZULU 타임,
   UTC 이해하기

3. 시차 계산하기

4. 서머타임(Summer time / Daylight saving time, DST)

5. 날짜 변경선(International Date line) 알아보기

Chapter 02

시차(Time difference)
이해하기

2.3 그리니치 평균시(GMT)에 따라 도착지 시차를 계산할 수 있다.

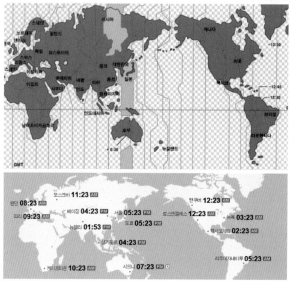

[출처] : NCS 항공객실서비스

01 시차란 무엇인가?

요즘 학생들 사이에서 외국을 다녀온 후 "아~ 시차 적응이 안돼서.. 아 피곤하고 졸려~~~~~~~~~." 라는 말을 하는 경우가 종종 있다.

과연 시차(Time difference)란 무엇인가?

산업과 항공기술이 발달하고 국가 간 교류가 많아 지면서 종종 외국에서 일해야 할 경우가 생기곤 하는 데, 문제는 우리가 살고 있는 지구의 표면마다 '낮'인 곳이 따로 있고, '밤'인 곳이 따로 존재하기 때문에 만 약 자기가 살고 있는 국가에서 비행기를 타고 '낮'에 이륙했는데 착륙했더니 그 국가는 '밤'일 수도 있고, 그 반대로 '밤'에 이륙했는 데 착륙할 땐 '낮'인 경우도 있다. 또한 아주 먼 국가로 갔는데 '밤'에 이륙했더 니 '밤'에 착륙하고, 그 역으로 '낮'에 갔더니 '낮'에 도착하는 등 우리가 지금까 지 겪어보지 못했던 여러 현상이 생기는 경우가 발생한다. 이러한 경우는 지구 의 자전때문에 발생하는 것이며, 지구는 한 번 자전하는데 24시간이 걸리므로 360도를 24로 나누어보면 경도 15도마다 한 시간씩 차이가 나게 된다. 이렇듯 지역마다 각각 시간이 달라서 교류하는데 상당한 불편을 느끼게 되어, 영국의 그리니치 천문대를 지나가는 본초자오선을 기준으로 세계 표준시를 정하게 되 었다. 따라서 각 지역 간 표준시의 차이를 시차(Time difference)라고 한다.

따라서 당연히 인간의 신체는 늘 하던 대로 행동하고 싶어 하나, 신체 리듬이 '밤'을 대비하고 있는데 실제 시간이 '낮'이거나, 반대로 신체 리듬이 '낮'을 대비 하고 있는데 실제 시간이 '밤'인 상황에서는 신체 리듬이 엉망이 되어 결국 늘 하던 대로 휴식과 일과를 병행하기 힘들어진다는 것이 바로 시차 적응이 되지 않아 시차 적응증(Jet lag)을 겪는다고 한다.

시차는 인간의 생체시계와 관련돼 있어 하루에 1시간씩 천천히 적응되며, 대 부분의 사람들에게 생체시계는 24시간보다 조금 길기 때문에 서쪽으로 여행하 는 경우가 동쪽으로 여행하는 경우보다 시차적응이 빠른 편이다. 즉, 한국에서 미국으로 여행하는 것보다 한국에서 유럽으로 여행하는 것이 적응하기 쉽다는 것을 뜻한다.

시차에 적응하지 못하면 대부분 피로, 두통, 불면증이나 식욕부진 등의 현상 이 나타나며, 시차 적응을 위한 특별한 방법은 없으나, 잠자리에 들기 4시간 전 부터는 카페인 음료를 피하고 2시간 전부터는 술을 마시지 않는 것이 좋다고 알려져 있다.(저자도 32년간 비행하면서 시차로 인해 적지 않은 어려움을 겪었으며, 비행생활을 해보지 않은 주변 의 지인들이 "비행기도 많이 탔는데 아직까지 적응하지 못한다."고 핀잔을 주는 경우도 수없이 보아왔다. 시차는 비행시 간에 정비례하는 것이 아니라 반비례하며, 그 이유는 나이가 많아질수록 체력이 떨어지는 것으로 이해하면 쉬울 듯 하다.)

우리나라에서 출발하는 비행기는 지구의 자전 방향인 미국 동부 방향으로 날 아가는 경우와 그 반대인 중국 방향(서쪽)으로 날아가는 경우로 나눌 수 있다. 일

부 동남아시아와 오스트레일리아·뉴질랜드 방향(남쪽)으로 날아가는 비행기도 있지만, 양방향의 시간 차이가 별로 없기 때문에 거론하지 않기로 한다. 특히 비행기가 지구의 동서 방향으로 동일한 거리를 날아갔을 때 현지 도착시간은 많은 차이를 보인다. 이것은 도착지 나라와의 시차(時差, time difference)가 있고, 태평양 상에 날짜 변경선이 있기 때문이다.

한국 표준시는 그리니치 평균시(세계시)보다 9시간 빠르므로, 런던이 1월 1일 00시이면 서울은 1월 1일 09시가 된다. 그러므로 서울의 1월 1일 0시는 런던보다 이미 9시간 전에 지났다는 말이 된다. 이때 런던의 서쪽인 뉴욕은 12월 31일 19시가 되고, LA는 16시이다. 그러므로 한국에서 뉴욕의 시간을 알아보려면 14시간을 빼야 하고, LA는 17시간을 빼야 한다. 지금까지 설명한 것은 모두 그리니치의 본초자오선(경도 0°00′00″)을 기준으로 설명한 것이다. 여기서부터 지구상의 모든 분·초, 즉 0시 00분 00초가 시작되기 때문이다.

시차와 비행기의 운항 방향과의 관계를 살펴보기 위해, 서울에서 런던까지 비행기를 타고 10시간을 날아간다고 가정해 보자. 앞에서도 설명했듯이 서울과 런던 사이의 시차는 9시간(135°□)이다. 1월 1일 09시에 서울에서 비행기가 출발한다면 비행시간이 10시간 걸리므로 런던에는 같은 날 저녁 7시가 되어야 도착하지만, 9시간의 시차를 빼면 비행기가 런던에 도착하는 시간은 1월 1일 오전 10시가 된다. 그러므로 10시간을 날아와도 같은 날 오전 10시이므로 1시간 만에 서울에서 런던에 간 셈이다.

반면에 비행기가 미국의 LA로 날아간다고 가정해 보자. 서울이 1월 1일 오전 9시이면, 이때 LA는 12월 31일 16시(오후 4시)가 된다. 왜냐하면 서울과 LA의 시차는 17시간이기 때문이다. 서울에서 LA까지 비행기로 10시간이 걸린다고 가정하고, 비행기가 서울에서 1월 1일 오전 9시에 출발하면 LA에는 1월 1일 새벽 2시에 도착하게 된다. 그때 이미 한국은 10시간의 비행시간이 흘렀으므로 1월 1일 19시(오후 7시)가 되어 있다.

그러므로 런던과 LA는 똑같이 비행시간이 10시간씩 걸리지만, 런던은 서울에서 출발하여 1시간 후에 도착한 셈이고, LA는 서울에서 출발한 1월 1일 9시가 되려면 아직 7시간을 더 기다려야 된다. 비행기가 LA에 도착하고 관광을 한참 한 후에야 서울의 출발시간이 된다는 말이다. 이것은 지구가 한국에서 미국 방향으로 자전하고, 태평양 중간에 날짜 변경선이 있기 때문이다.

02 GMT(Greenwich Mean Time), ZULU 타임, UTC 이해하기

(1) GMT(Greenwich Mean Time)

예전 서부 개척시대에 미국과 캐나다의 철도회사들은 북미 대륙을 횡단하면서 시간대를 식별할 필요성을 느끼게 됐으며, 이를 계기로 전 세계 산업국가들은 1884년 미국의 워싱턴에서 본초자오선 회의를 개최하게 되었다. 그 결과 GMT가 세계 표준시로 확정됐고, 지구는 지금 우리가 사용하는 것과 같은 여러 시간대로 분할되었다.

1884년까지 대부분의 나라들이 자신의 수도를 기준으로 해서 시간을 세는 나라가 없었는데, 워싱턴의 회의는 자오선을 지나가는 그리니치가 공식적인 0 자오선이 되어야 한다고 동의했다. 그러므로 그리니치의 시간이 세계 시간의 기준이 되는 것이다. 즉, 그리니치 표준시(GMT)라고 하고 영국 런던의 시간이 기준이 되며, 전 세계가 모두 런던의 시간을 기준으로 더하거나 빼서 자기나라의 시간을 정하는 것이다.

1시간은 경도로 15도이고, 15도란 태양이 한 시간 내에 움직이는 것처럼 보이는 거리, 즉 1시간에 지구가 자전하는 각도이며 동경 15도마다 1시간씩 차이가 나니까 0도인 영국이 0시일 경우 동경 135도인 우리나라는 9시인 것이다.

동 · 서쪽의 자오선은 그리니치를 기준으로 해서 각각 180도씩 측정되며 서쪽에서 동쪽으로 여행하는 여행자는 하루를 덤으로 얻게 되고, 동쪽에서 서쪽으로 가는 여행자는 하루를 잃어버리는 셈이다. 왜냐하면 지구는 자전을 하며 서쪽에서 동쪽으로 회전하기 때문이다.

그리니치 자오선은 런던 남동부 그리니치에서 오래된 왕실 관측소 안뜰 천문대에서 기록되며, 천문대의 자오선 상에서 평균 태양시를 기준으로 하여 전 세계의 지방 표준시를 나타내게 된다.

(2) 줄루타임(ZULU TIME)

줄루타임(ZULU TIME 또는 줄루, 주루로 읽는다)은 줄임말로 Zulu라고 쓰기도 한다. 이 단어는 통상 군대에서 사용되지만 선박과 비행기 등의 항해 중에 만국 공동시(GMT/UCT)를 지칭하는 용어로 사용된다. 전쟁영화를 좋아하는 예비항공인도 종종 보게 되지만, 전투영화에서 나오는 모든 시간은 줄루타임(Zulu Time)을 사용한다.

비행기 조종실 내에도 많은 조종사들이 줄루타임(Zulu Time)을 사용하고 있고, 조종실 내 시계 및 기기도 줄루타임으로 제작 및 표기되어 있으며 운항서류, ATC 관계, 현지 도착 및 출발 시간은 줄루타임으로 작성, 표기된다. 독자들이 생각하기에는 조종실에서 시간문제로 상당히 고역을 겪을 것처럼 보이겠지만, 현재 대한항공에 근무하고 있는 B777 기장에 의하면, 모든 항공기 조종실 내의 시계와 시간표시는 한국시간이 아닌 줄루타임으로 표시되어 있다. 따라서 국가에 도착할 때마다 매번 바뀌는 현지시간보다 항상 고정되어 있는 줄루타임이 훨씬 편하다고 이야기한다.

군대와 항공조종용어에서 "Z" 다음에 이어져 나오는 시간은 그리니치 표준시로 표현된다. 현재 만국 공동시라고 불리는 그리니치 표준시는 경도 0도 0분(본초자오선이나 세계지리좌표 시스템에서 동쪽과 서쪽을 나누는 세로선)에서의 시간을 뜻하며, 이 선은 영국의 런던 근처, 즉 그리니치에 있는 영국 해군 관측소의 위치에 기준을 두고 있다. 이 외에도 줄루는 무선송신시 "Z"의 발음을 명확하게 하기 위해 사용되는 단어이기도 하다. 전통적으로 선박의 비행기 항해는 ZULU 시각을 사용해 이뤄지며, 줄루 시각은 대개 그레고리안 시간분할을 사용한 24시간 시계 형식으로 표현된다.(12시, 13시, 14시, 21시 등....)

[그림 출처: 다음백과사전]

(3) UTC^(Universal Time Coordinated , 協定世界時)

국제 사회가 사용하는 과학적 시간의 표준으로 1972년 1월 1일부터 시행된 협정세계시는 세슘원자의 진동수에 의거한 초의 길이가 그 기준으로 쓰인다.

1972년 1월 1일부터 시행된 협정세계시에서는 67년 국제도량형총회가 정한 세슘원자의 진동수에 의거한 초의 길이가 그 기준^(원자초)으로 쓰인다. 그때까지 시간의 기준으로는 지구의 자전에 의한 평균태양시와 지구의 공전에 의한 태양 년에서 산출한 초의 길이가 쓰였다. 그리니치표준시^(GMT)는 원래 평균태양시를 기준으로 한 것이었다. 따라서 원자시계를 표준으로 하면서부터 GMT라는 명 칭이 실체^(實體)를 바르게 나타내지 못하는 불합리한 점이 생겼다. 이러한 문제 를 없애기 위해서 1978년 국제무선통신자문위원회^(CCIS) 총회는 통신분야에서 는 그리니치평균시를 협정세계시^(UTC)로 바꾸어 쓰자는 권고안을 채택하였다. 현재는 UTC와 GMT / ZULU 가 동일한 용어로 사용되고 있다.

03 시차 계산하기

오늘은 저자가 32년간 비행근무를 하면서 사용했던 시차 계산법을 설명하고 자 한다. 아주 간단한 시차 계산법으로 쉽게 알 수 있다.

☑ 한국 인천 국제공항에서 이륙하여 비행하게 될 캐나다를 예로 들어보면

이곳이 SK

(1) 한국과 캐나다의 시차와 타임존(Time zone)을 확인한다.

한국은 GMT +9이고 캐나다 중부 지역인 이 곳 SK주는 GMT −6 이다. 런던 그리니치 본초자오선 기준 0을 기준으로 봤을 때, 한국은 오른쪽으로(+) 9시간 앞서가 있고, 캐나다는 왼쪽으로(−) 6시간 뒤처져 있다고 보면 된다. 따라서 캐나다는 한국에 비하면 과거라고 할 수 있다.

자... 이제 골치가 아프니 아무 생각하지 말고 한국의 GMT 숫자와 캐나다의 GMT 숫자를 더한다. 9 + 6 = 15시간! 결론은 한국과 15시간 시차가 난다는 것을 의미한다.

(2) 이제 시차에서 12시간을 빼준 시간차를 기억한다.

시차가 12시간 이상 날 때에는 낮과 밤이 바뀌게 되며, 계산해보면 한국과 캐나다의 시차가 15시간이므로, 한국과 캐나다의 시간차이인 15에서 낮과 밤을 의미하는 12를 빼면 15 − 12 = 3, 이제 15시간 대신, 이 숫자 3만 기억하면 된다.

그리고 낮과 밤이 바뀐다. 따라서 아래 세 가지 사항만 기억하면 시차 계산하는 방법이 모두 준비된다.

❶ 한국과 캐나다 3시간 차이난다. (9 + 6 = 15, 15 − 12 = 3)
❷ 낮밤 바뀐다.
❸ 한국에서 마이너스 시간대(캐나다)를 알아보려면 3을 빼고,
❹ 캐나다에서 플러스 시간대(한국)를 알아보려면 3을 더하면 된다.

☑ **멋지게 예를 들어보자! 한국이 오전 6시일 때, 캐나다 중부는 몇시인가?**

오전 6시 − 3 = 오전 3시(캐나다는 한국 기준으로 마이너스 시간대 지역이므로 빼기). 그리고 여기서 낮밤을 바꾸라고 했으니, 오전 3시 − 낮밤 바꿈 → 오후 3시. 즉, 한국이 오전 6시면 캐나다 중부는 오후 3시인 것이다.

☑ 반대로, 캐나다에서 한국 시간을 알아보려면?

캐나다 오전 6시라고 하면, 오전 6시 + 3 = 오전 9시(한국은 캐나다 기준 플러스 시간대 지역이므로 더하기). 오전 9시 → 낮밤바꿈 → 오후 9시.

[정답] : 캐나다가 오전 6시면, 한국은 오후 9시인 것이다.

☑ 북미지역 예를 한 번 더 들어보도록 하자.
한국이 오전 6시일 때 뉴욕의 시간은 몇시인가?

미국 뉴욕은 GMT −4이다. 그럼 한국 GMT + 9와 GMT −4의 차이값은 13, 13 − 12 = 1. 이제 이 1시간만 기억하면 된다. 그리고 낮과 밤이 바뀌게 된다.

따라서, 한국이 오전 6시라고 하면, 미국 뉴욕도 한국에 비해 역시 마이너스 시간대이므로, 위 1시간을 빼주면 된다. 오전 6시 − 1 = 오전 5시, 여기서 낮밤 바꾸면, 오전 5시 → 낮과 밤을 바꾼다 → 오후 5시

[정답] : 한국이 오전 6시면, 미국 뉴욕은 오후 5시인 것이다.

마지막으로 숫자가 많아서 복잡할 것 같지만 예상 외로 상당히 쉬운 것이 시차 계산법이니 예비 항공인 여러분들도 미국, 유럽, 동남아 도시를 대상으로 한 번씩 계산해 보도록 하자. 아마도 교수님께서 수행평가나 중간, 기말고사에 시차 계산에 관한 문제를 내시지 않을까 한다.

04 서머타임(Summer time / Daylight saving time, DST)

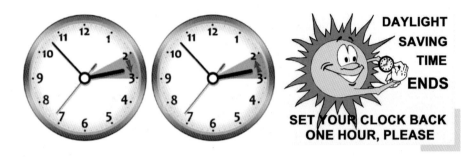

다른 말로 "일광절약시간제(Daylight saving time, DST)"라고도 하며, 여름에는 해가 빨리 뜨고 늦게 지기 때문에 비교적 긴 낮시간을 활용하기 위해 표준시간을 한 시간 앞당기는 제도를 말한다.

DST는 제1차 세계대전 기간에 영국과 독일에서 처음으로 실시되었으며, 한 국에서는 1949년 4월부터 대통령령 제74호인 「일광절약시간 제정에 관한 건」 에 의하여 처음 실시되었다. 이후 1961년 5월 각령 제250호에 의하여 폐지되었 다가 서울올림픽 대회 유치를 계기로 1987년 4월부터 대통령령 제12136호인 '일광절약시간제 실시에 관한 규정에 의하여 1988년까지 실시되었다. 1987년 의 경우 서머타임제는 5월 10일 새벽 2시를 3시로 맞추고 모든 생활시간이 1시 간 앞당겨지는 것으로부터 시작되어, 10월 11일까지 실시되었다. 이 제도가 실 시되자 초기에는 제도에 적응하지 못하여 많은 국민들이 혼란과 불편을 겪는 등의 부정적 측면이 있기도 했지만, 저녁에 취미 및 여가 활동을 하는 사람들이 늘어났고 전력소비도 줄어드는 효과가 있었다.

서머타임제의 장점은 여가 및 취미 시간의 증대, 에너지 절약, 생산능률의 향 상 등이지만, 생활 리듬이 깨어짐으로써 혼란과 불편이 생긴다는 단점도 있다.

우리나라는 두 차례 1948 ~ 60년(50~52년 제외)과 서울올림픽(87~88년)에 서머타 임제를 시행한 바 있다. 이 제도는 1784년 미국의 벤자민 프랭클린이 양초를 절 약하기 위하여 일광시간의 효율적 사용의 필요성을 제시하면서 처음으로 등장 하였고 2010년 3월 현재, 선진국 모임인 경제협력개발기구(OECD) 30개국 중에서 한국 · 일본과 백야현상으로 도입이 불필요한 아이슬란드를 제외한 국가에서 실시 중이며, EU(27개국) · 미국 · 캐나다 · 브라질 · 호주를 포함한 전 세계 86개 국에서 실시하고 있다. 서머타임제가 시행되는 기간에는 이를 시행하고 있지 않는 우리나라와 시행국가와의 시차는 1시간씩 줄어들거나 늘어나게 된다.

미국의 경우 일광시간 동안을 보다 효율적으로 활용하도록 하는 제도라는 의미에서 일광절약시간(DST : daylight saving time)이라 부른다. 이전까지 4 ~ 10월 기간 동안 시행해 오던 이 제도는, 2005년 조지 W. 부시 정부 때 신에너지법이 통과되어 2007년부터 매년 오전 2시를 기점으로 3월 둘째 주 일요일부터 11월 첫째 일요일까지 시행하는 방식으로 확대되었다.

유럽지역의 서머타임은 매년 3월 마지막 일요일 0시를 기준으로 개시되어 10월 마지막 일요일 0시에 해제된다. 저자도 서머타임에 대해 전혀 알지 못하고 입사하여 비행하는 동안 해당 국가를 비행하게 되면 항상 혼돈스러웠다. 특히 승무원에게 민감한 저녁 식사시간 또는 비행을 위한 호텔 픽업시간, 항공기 출발시간 등을 헷갈리게 되어 팀원들과 몇 번씩 통화하여 수정하곤 했던 기억이 있다. 이제 우리 예비 항공인 여러분들은 교재에서 서머타임에 대해 배웠으니 현장에서 혼란스럽지 않도록 한 번 더 기억 하도록 하자.(저자인 경우 미국과 유럽의 서머타임에는 솔직히 아직도 적응이 안 된 것 같다...)

☑ 서머타임의 예를 들어보면, 4월 5일 한국시간이 오전 6시이면 미국 뉴욕시간
은 몇 시 일까?

미국 뉴욕은 GMT −4이다. 그럼 한국 GMT + 9와 GMT −4의 차이값은 13,
13 − 12 = 1, 이제 이 1시간만 기억하면 된다. 그리고 낮과 밤이 바뀌게 된다.

따라서, 한국이 오전 6시라고 하면, 미국 뉴욕도 한국에 비해 역시 마이너스
시간대이므로, 1시간을 빼주면 된다. 오전 6시 − 1 = 오전 5시, 여기서 낮밤 바
꾸면, 오전 5시 → 낮과 밤을 바꾼다 → 오후 5시

[정답] : 한국이 오전 6시면, 미국 뉴욕은 오후 5시인데 DST^(서머타임)가 적용되므로
오후 4시인 것이다.

 05 날짜 변경선(International Date line) **알아보기**

☑ **날짜 변경선이란?**

날짜 변경선은 경도 0도인 영국 그리니치 천문대의 180도 반대쪽인 태평양
한가운데^(경도 180도)로, 북극과 남극 사이 태평양 바다 위에 세로로 그은 지도상
의 가상의 선이다. 이 세로선은 같은 시간대 내에 속한 지역에 대해서는 날짜가
달라서 올 수 있는 혼란을 피하기 위해, 사람이 사는 섬이나 육지를 피해서 동
일지역은 하나로 묶어 기준선을 만들었으며, 또한 관련 국가의 결정에 따르므

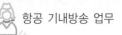

로 실제 정확한 직선은 아니고 육지의 모양에 따라 좀더 복잡한 모습을 보인다. 즉, 북으로는 미국의 알류샨 열도를 지나 러시아의 캄차카 반도, 남으로는 뉴질랜드 동쪽으로 일부 휘어져 있다. 따라서 모든 선박, 비행기, 여행객은 이 선을 기준으로 하여 서에서 동으로 넘을 때는 날짜를 하루 늦추고, 동에서 서로 넘을 때는 하루를 더한다.

다시 말하면, 이 선을 넘어갈 경우 말 그대로 날짜가 하루 변경된다. 동쪽에서 서쪽으로 넘어갈 때는 하루를 더하고, 반대로 서쪽에서 동쪽으로 넘어갈 때는 하루를 뺀다.

그런데 세계시와 비슷한 이유로, 이 선도 직선이 아니고 상당히 불규칙한 직선으로 되어 있다. 즉, 날짜 변경선을 나타내는 파란색 점선을 자세히 살펴보면, 쭉 뻗은 직선이 아니라 서쪽으로 조금 치우친 지역도 있고, 동쪽으로 들쭉날쭉한 지역도 있다. 그럼 왜 선이 이렇게 들쭉날쭉할까?

그것은 날짜 변경선이 태평양 한가운데를 지나는 것과 관계가 있다. 즉, 태평양에 있는 여러 섬나라들의 경계에 맞춰 날짜 변경선을 그었기 때문에 들쭉날쭉한 것이며, 사람들이 살고 있는 육지나 섬을 피해서 날짜 변경선을 긋다 보니 그렇게 된 것이다.

아시아와 북미는 이 선을 베링해협 쪽으로 꺾어서 피했고, 오세아니아는 거의 대부분이 날짜 변경선 서쪽의 날짜를 채택한다. 이 때문에 오세아니아 지역은 GMT(UTC) +12를 넘어 GMT(UTC) +13, 심지어는 UTC +14를 쓰는 지역이 있을 정도다.

정상적 상황
방송하기

Chapter

03

정상적 상황
방송하기

3.1 객실서비스 규정에 따라 정상적인 상황 방송에 필요한 기본정보를 파악할 수 있다.

3.2 객실서비스 규정에 따라 방송에 적합한 표준어와 언어를 구사할 수 있다.

3.3 객실서비스 규정에 따라 탑승환영 안내방송을 할 수 있다.

3.4 객실서비스 규정에 따라 좌석벨트 상시착용 안내 및 목적지 접근 안내방송을 할 수 있다.

3.5 객실 서비스 규정에 따라 도착 안내방송을 할 수 있다.

[출처] : NCS 항공객실서비스

 기내방송의 목적

기내방송의 목적은 정보전달서비스로, 항공기에 탑승한 승객에게 비행 중 여행에 필요한 다양한 항공정보를 전달하고, 승객을 효율적으로 통제하여 안전한 비행에 도움을 주고자 실시하며, 정상적 상황 및 비정상적 상황이 발생할 때 신속한 공지를 하여 승객의 신속한 상황판단과 대처능력을 향상시켜 정확하고 적절한 행동을 할 수 있도록 도와준다. 또한 지연 및 회항 그리

고 응급환자 발생 시 적당한 시점에 적절한 안내방송
을 통해 승객의 궁금증과 불안감을 해소하여 편안하
고 쾌적한 항공여행을 할 수 있도록 하는데 있다.

"기내방송이란?"
한 마디로 정의하면 기내에서 이루어지는
전파에 의한 Mass COMMUNICATION
〈COM〉 함께 의미를 나눈다.
　　　공유한다.
　　　공감한다

02 기내방송 원칙

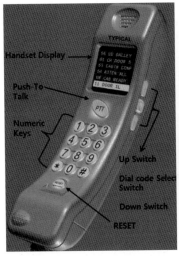

- 기내방송은 승객에게 비행 중 여행에 필요한 정보전달 서비스로서의 기능
  을 전달하며, 안전사항에 대해서는 승객을 효율적으로 통제함으로서 안락
  하고 편안하며 안전한 비행을 보장하기 위해서 실시한다.

- 방송 Duty(전담) 승무원은 항공사 제반 방송원칙을 준수하여 방송을 실시하
  여야 한다.

- 모든 객실승무원은 방송능력 향상을 위해 노력하여야 하고, 평소 기종별 올바른 마이크 사용법을 정확히 알고 있어야 한다.
- 기내방송 언어는 기본적으로 해당 노선에 따라 2 ~ 3개의 언어로 실시하며, 기내상황에 따라 4개 언어를 사용할 수도 있다.
- 국내선에서는 한국어-영어 순으로 방송하며, 국제선에서는 한국어-영어-현지어 순서로 방송하는 것을 원칙으로 한다. 단, 내국인으로만 이루어진 국내 전세기에서는 한국어로만 방송 가능하다.
- 기내방송문은 방송책의 무게와 종이를 절약하기 위해 점차 비행기 내 일정 장소에 비치하여 공용으로 사용하는 추세이기 때문에 낙서나 메모하는 것을 금하고 있으며, 항공사에 따라 종이 재질 방송문 대신 e- Book / 태블릿 피씨(Tablet PC)을 사용하여 방송하기도 한다.

03 기내방송 담당 승무원의 책임

- 기내방송에 관한 모든 책임은 원칙적으로 객실사무장 / 캐빈매니저에 있으며, 방송 담당 승무원은 2차적으로 책임진다.
- 기내방송 담당 승무원은 방송 매뉴얼의 방송원칙을 준수하여 방송해야 한다.
- 기내방송 담당 승무원은 승객에게 정확한 정보전달을 위해 한국어, 영어

등 발음 연습에 대한 지속적인 노력이 필요하며, 좋은 음성을 가꾸기 위해 노력해야 한다.

● 평소 기종별 올바른 마이크 사용법을 익혀 파열음이 나지 않도록 유의하여 방송내용의 전달력 향상에 노력을 기울여야 한다.

● 기내방송 중 또박또박 천천히 방송하는 연습을 꾸준히 하여 승객이 듣기 편한 방송이 될 수 있도록 해야 하며, 철저한 연습을 통해 방송 담당자로서 책임감을 지녀야 한다.

● 기내방송 담당 승무원은 기내 상황에 대한 정확한 이해와 판단 능력이 필요하며, 방송 매뉴얼의 구성을 사전에 숙지하여 적시에 적합한 방송이 이루어질 수 있도록 해야 한다.

기내방송에 관한 고객의 소리

제가 7월에 호주에 다녀올 일이 있어서 0000항공을 탔습니다.
그런데, 기장 및 승무원분들이 안내방송을 하시는데 영어 안내방송이 알아듣기가 쉽지 않았으며(제가 영어를 잘 못해서 그럴수도 있겠지만), 안내방송을 한다는 느낌보다는 어떤 문구를 그냥 쭉 빨리 읽는다는 느낌이 강했고, intonation도 거의 없어서 외국인이면 더더욱 알아듣기 힘들겠구나 하는 생각을 했습니다.
비행기를 타보면 기장 및 승무원분들의 영어 편차가 좀 있어서 잘하시는 분들은 유창하게 하시는데, 그렇지 않은 분들도 꽤 있는 것 같습니다.
물론 영어를 100% 모두 유창하게 해야 한다는 얘기는 아니고
단지 기내에서 안내방송을 하는 말 정도는 어느정도 정해져 있고,
그렇게 많은 분량이 아니므로 training을 한다면
대부분 상향 평준화되지 않을까 싶습니다.
그렇게 하면 훨씬 더 좋은 이미지의 항공사가 되지 않을까요.

- 승객은 기내방송 담당 승무원의 외국어 방송에 관한 지적을 하고 있으며, 항공사에서 교육하고 있는대로 또박또박 천천히 방송해 줄 것을 요구하고 있습니다. 특히 외국어의 경우 빠르게 방송하는 것보다 천천히, 정확하게 방송하는 것이 방송내용을 전달하는데 상당히 좋은 것을 알 수 있습니다.
예비승무원 여러분도 항공기 내에서 방송하실 때 잊지 마시기 바랍니다.

04 기내방송 담당 승무원의 임무

기내방송문 탑재

2nd 서비스 시작방송을 하는 저자

객실 승무원은 기내업무를 원활하게 수행하기 위하여 클래스별 담당 승무원, 기내판매 담당 승무원, 방송담당 승무원의 임무를 동시에 수행할 수 있어야 하며, 기내방송 담당 승무원인 경우 해당 편 탑승 승무원 중 회사에서 정기적으로 실시하는 방송 테스트에서 최상위 방송 등급을 획득한 승무원이 실시하는 것을 원칙으로 한다.

또한 2014년부터 일부 항공사에서는 방송에 성차별이 없도록 그동안 남녀를 불구하고 무조건 여승무원이 담당했던 방송일지라도 남승무원이 방송 평가등급이 높을 때, 또는 객실사무장(캐빈매니저)이 지정하면 남승무원이 기내의 모든 방송을 실시할 수 있도록 객실승무규정을 바꾸었다.

☑ 수준 높은 방송을 하기 위하여...

- 방송문을 유창하게 읽을 수 있도록 평소 아낌없는 노력을 해야 하고,
- 기내방송 시 항상 밝은 스마일을 유지하면서 방송해야 하며 밝고 경쾌한 톤을 유지한다.
- 적당한 띄어 읽기와 피곤한 듯한 동일한 억양이 반복되지 않도록 유의해야 하며,
- 외국어는 또박또박 차분히 방송한다.

● 마지막으로 매 방송 시 승객에게 다가갈 수 있는 여유 있고 친근감 있는
　기내방송이 될 수 있도록 해야 한다.

05 현지어 및 지정 외국어(일어, 중국어) 방송순서

　영어를 제외한 외국어(프랑스, 독일, 몽고, 중국, 태국, 러시아, 포르투갈어)를 방송할 때, 해당
국적의 외국 승무원(현지 승무원)이 탑승해 있을 경우 먼저 현지 승무원이 기내 안
내방송을 담당하는 것을 원칙으로 한다. 그 다음 기내에 설치되어 있는 자동녹
음방송장치인 PRAM(Pre-Recorded Announcement Module)을 사용하여 방송하고, 상기
두 가지 조건이 해당되지 않을 경우 기내 내국인 승무원 중 해당 국가의 방송을
실시할 수 있는 승무원을 선택하며, 마지막으로 기내 상황이 위의 네 가지 조건
에 부합되지 않을 경우 카세트 플레이어를 통한 방송을 실시한다. 상기의 내용
을 정리하면 아래와 같다.

❶ 현지 여승무원
❷ PRAM(Pre-Recorded Announcement Module) – "피램"으로 발음한다
❸ 해당 언어 방송자격 보유자
❹ 카세트 플레이어

* 단, 승무원 시연을 위한 Safety Demo방송은 PRAM사용을 우선한다.

06 기내방송 요령 및 마이크 사용법

● 기내방송 전담 승무원은 제일 먼저 방송연습에 많은 노력을 기울여야
　한다.
● 방송 시 밝은 웃음을 띠고 방송하며, 밝고 명쾌한 톤을 유지해야 한다.
● 적당한 쉼을 주어 동일한 억양이 반복되지 않도록 해야 한다.
● 외국어는 차분하고 또박또박 방송하여 의미전달이 되어야 한다.

● 급하지 않으며 친밀한 방송이 될 수 있도록 매 비행 방송 시 최선을 다해야 한다.

● 마이크는 비행 전 점검 시 볼륨이나 잡음 발생여부 등을 미리 파악해서 자신의 목소리와 적절한 조화가 이루어지도록 해야 한다.

● 마이크와 입술의 거리는 2 ~ 3cm가 적당하고, 송화기에 입술이 정면으로 향하도록 해서 음량 및 방송의 상태가 좋은 상태로 유지되도록 노력하여야 한다.

● 방송 시 자세는 구부린 자세보다는 허리를 꼿꼿이 세운 자세를 유지하여 자신감과 내부의 공명이 잘 이루어 질 수 있도록 해야 한다.

 메러비언의 법칙

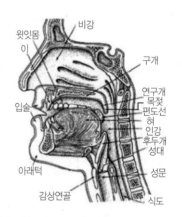

앨버트 메러비언(Albert mehrabian)은 사람이 메시지를 전달할 때 목소리는 38%, 보디랭귀지는 55%, 말하는 내용은 겨우 7%의 비중을 차지한다고 하였다. 즉, 목소리가 보디랭귀지나 말하는 내용에 비해 전달력이 우수하다는 것이다. 이것은 메러비언 법칙이라 하여 시각 55, 청각 38, 언어 7로 배분하기도 한다. 무슨 말을 하던지 목소리가 좋으면 메시지 전달에 1/3 이상 성공한 것이라는 말처럼 발성과 발음은 기내방송을 하는 승무원의 필수조건이다. 기내방송을 실시하는 승무원의 생성된 소리를 키워주는 곳은 신체의 공명강(Resonance tube)이라는 곳이다. 이 공명강은 바이올린의 동체와 같이 인두, 구강, 비강이 주를 이루며, 기내방송 시 좋은 목소리를 만들기 위해서는 좋은 공명이 있어야 한다.

● 일반적으로 깊은 목소리에서는 우월성, 전문성, 유능함이 묻어나고, 날카로운 목소리에서는 불안, 흥분, 괴팍함이 드러나는 것으로 알려져 있다.

따라서 우월하고 전문성이 묻어나며 유능함이 돋보이는 좋은 기내방송 목소리를 내기 위해서는 아래와 같은 연습이 필요하다.

- 기내방송 전 전신의 힘을 빼고 머리를 좌우 여러번 돌리면서 어깨와 목의 긴장을 푼다.
- 혀를 내밀거나 입안에서 돌리는 혀운동을 주기적으로 실시한다.
- '아', '하'하는 큰 한숨을 쉰 뒤 가장 낮은 소리에서 방송문을 읽는 연습을 한다.
- 비음이 섞이지 않는 말을 골라 코를 막고 비음을 내지 않도록 연습한다.
- 비행 전 금연하고 물을 자주 마셔서 적당한 습도를 유지한다.
- 감기 중에는 목소리 사용을 자제하고 잔기침도 가능하면 피한다.

> **좋은 목소리 판단 기준**
> - 따뜻하고 부드러운 음성
> - 카리스마 있으면서도 부드러운 스피치
> - 맑으면서 편안한 느낌을 주는 목소리
> - 명료하고 깨끗하며 울림이 좋아 느낌이 풍부한 소리
> - 개성을 살릴 줄 아는 목소리

 한국어 방송 방법

(1) 발음

- 한국어 발음은 기내방송의 질을 좌우하는 매우 중요한 요소이며, 방송 중 된소리나 사투리가 발음되지 않도록 주의해야 한다. 또한 이중 모음의 단어를 발음할 경우에는 주의하여 단어의 의미가 달라지는 경우가 없도록 해야 한다.

- 표준어로 발음한다. 지방 고유의 사투리, 억양 등의 사용을 피하고 표준어 낭독 연습을 통해 또박또박 천천히 말하는 습관을 들인다. 평소 말할 때도 입을 크게 벌려서 정확하고 명확한 소리가 나오도록 노력한다.

  예문 의사 선생님(○)

  　　으사 슨상님(×)

- 발음 시 자음 'ㅎ'발음이 잘 들리도록 명확한 음가를 살려서 읽는다.

  예문 정확한(○)

  　　정와칸(×)

- 한국어의 장단음 길이에 유의하여 읽는다.

  예문 전-자-제-품을 세-관 신고서에 기록

- 이중모음으로 음가를 살려 정확하게 읽는다.

  예문 확인해 주시기 바랍니다.(○)

  　　학인해 주시기 바랍니다.(×)

- 보통음이 된소리로 바뀌는 것을 말하는데 된소리가 나지 않도록 유의한다.

  예문 고추장(○)

  　　꼬추장(×)

☑ **비행기에서 많이 사용하는 부적절한 발음의 예**

단어	잘못된 발음
안녕하십니까?	안냐십니까?
감사합니다.	감사함다
하겠습니다.	하게씀다
비행기	비앵기

(2) 억 양

지금 학교가?

서울 사람이 이해한 뜻 : 지금 학교 가니?
경상도 사람이 이해한 뜻 : 지금 학교에 있니?

● 억양이란 말소리에 수반되는 언어의 높낮이를 의미한다. 위의 그림에서 볼 수 있듯이 단순히 동일 문장을 말해도 억양에 따라 듣는 사람의 이해도가 천차만별일 수가 있다. 한국어 뿐만 아니라 외국어의 경우에도 억양에 따라 전달하는 내용이 많이 틀릴 수 있으니 유의해야 한다.

● 기내방송을 너무 딱딱하거나 단조로운 억양으로 실시하면 단조롭거나 단순 공지사항으로 이해하기 쉬우니 삼가도록 해야 한다.

● 말을 하는 것처럼 다양한 억양을 사용하여 자연스럽게 방송하여야 한다.

(3) 감정과 표정

● 감정과 표정은 개인 고유의 목소리를 통해 승객에게 그대로 전달되므로, 항상 밝고 즐거운 표정과 느낌으로 기내방송을 함으로써 청취하는 승객에게 따뜻함과 친절함이

전달될 수 있도록 해야 한다. 또한 방송을 하는 기내방송 전담 승무원과 방송을 청취하는 승객 모두 인간이기 때문에 반드시 기내방송 전담 승무원의 감정과 표정이 전달된다는 확신을 가지고 좋은 감정과 편안한 표정으로 방송하도록 해야 한다. 특히 한국어 방송인 경우 대부분의 국적기 승객이 한국인이기 때문에 감정과 표정에 매우 유의하여야 한다.

● 녹음기와 거울을 사용하여 방송 시 감정과 표정 그리고 음성의 변화를 청취 및 경험할 수 있도록 한다.

(4) 강 조

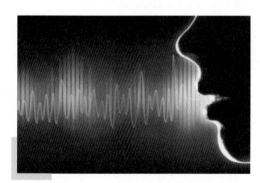

기내방송 문장에서 강조란 전체적인 의미를 분명하게 하는 역할을 하며, 승객에게 내용의 전달력을 높일 수 있다. 따라서 한국어 기내방송 시 주위 단어와 비교하여 강조할 부분은 음성의 세기와 높이를 더 높고 더 강하게 표현하며, 속도는 약간 천천히 하는 것이 좋다.

특히 항공기 목적지 도착 후 기내환승 방송 시 기다리는 시간과 장소, 안전에 관한 방송 시 탈출요령에 대해 방송을 실시할 경우, 해당 부분을 강조하여 승객에게 착륙 후 환승장 대기 시 기다리는 시간, 기다리는 장소, 기내안전에 관한 방송 시 탈출요령 등 필수적인 부분을 확실하게 인지할 수 있도록 해야 한다.

(5) 멈 춤

커플과 솔로의 차이점
커플 : 사랑해, 보고 싶어
솔로 : 사랑, 해보고 싶어

"호식이 두마리 만삼천원"
"나 물 좀 다오"

한국어 기내방송 시 적절한 곳에서 끊어 읽거나 띄어 읽는 것을 멈춤이라고 한다. 이러한 멈춤은 내용 전달에 있어서 매우 중요하다. 적절한 문장에서 멈

춤을 하지 않을 경우, 전달하고자 하는 의미가 잘못해서 오역되는 경우가 비일
비재하며, 방송 시 문장 전체의 의미를 생각하여 어디에서 끊어 읽는 것이 가장
적절한지 사전에 파악하여야 한다. 항공사 대부분의 한국어, 영어, 중국어, 일
본어 방송문에는 띄어 읽기 표시가 되어 있는 것이 많다.

(6) 톤

기내방송 시 개개인이 가진 고
유의 음색과 여기서 느껴지는 전
반적인 분위기를 말한다.

- 높은음색 – 경쾌하고 상냥함,
- 중간음색 – 신뢰감과 안정감,
- 낮은음색 – 권위와 무게감을
  느낄 수 있게 해준다. 일반적

으로 기내서비스에 관한 방송을 실시할 경우 높은 음색으로 하여 경쾌함
과 친절함을 느끼게 해주고, 일반적인 사항을 방송할 경우 중간 음색을 사
용하여 신뢰감과 안정감을 주고, 그리고 기내 안전사항, 비상탈출 상황에
관한 안내방송을 실시할 경우 낮은 음색을 사용하여 권위와 무게감을 주
어야 한다.

그리고 지나치게 꾸미지 않은 자연스럽고 친절한 음성표현을 꾸준히 연습해
야 한다.

(7) 속 도

한국어나 외국어의 기내방송의 경우 지나치게
빠를 경우 발음이 부정확해 질 수 있고 성의 없게
들릴 수 있다. 그리고 지나치게 느릴 경우 무성의
와 지루한 느낌을 주어 전달력이 저하된다. 따라서
처음부터 끝까지 적절한 호흡조절이 필요하다.

한국어 방송문 연습 문장(한 문장 당 수회 반복해서 연습해 보자)

- 신진 샹송 가수의 신춘 샹송쇼
- 서울특별시 특허 허가국 특허 허가과 허가과장 허과장
- 저기 계신 저분이 박 법학박사이시고 여기 계신 이분이 백 법학박사 이시다.
- 대우 로얄 뉴로얄 뉴로얄은 대우 로얄
- 한국관광공사 관진관 관광과장

외국어 방송 방법

외국어로 방송을 한다는 것은 외국어를 사용하는 승객을 대상으로 하는데, 방송자가 외국인이 아니기 때문에 현지인과 동일한 발음을 구사할 수 없는 것이 당연하다. 따라서 외국인 승객이 이해할 수 있도록 또박또박 정확히 방송하는 것이 중요하다. 하지만 현재 모든 항공사에서 영어 기내방송에 대한 고객불만이 많이 접수되고 있는데, 아이러니컬하게도 영어 방송에 대한 고객의 불만은 대부분 한국인 승객에 의해 지적되고 있다. 외국인에 의한 방송 지적은 극히 일부분이 아래의 R/L, B/V, F/P 발음에 대해 지적을 하고 있으며, 영어 방송의 속도, 발음에 대해서도 이야기하고 있다. 한국인 승무원이 영어 방송하는 경우 영어방송문에 자신이 없을 때 빠른 속도로 읽을 수 있는 경향이 뚜렷하므로 유의해야 하고, 현지인간 대화 시 사용하는 연음을 기내방송 시 사용하는 경우 "잘난체 한다.", "버터 발랐다." 등의 한국인 승객의 불만을 받을 수 있다.

아래는 외국어(영어) 방송에 대한 내·외국인 승객의 고객불만을 기초로 하여 수정할 수 있는 방법을 제시한 것이다. 관심있게 읽고 수정할 수 있도록 해야 한다.

(1) 발 음(Pronunciation)

발음이 부드럽다고 영어를 잘한다고 생각하면 그건 어리석은 판단이다. 부드러운 서울말을 쓴다고 해서 어휘나 표현, 어법에 전혀 문제가 없다고 생각하는 것과 같다. 따라서 아래의 영어 방송 발음 시 유의사항을 정확히 학습하고 방송하도록 해야한다.

> 외국 회사 : We can do it! (우린 할수있어!)
>
> 한국 회사 : weekend do it! (주말에도 나와!)

영어발음 시 유의사항

- 해당 국가의 표준 영어발음을 구사할 수 있도록 연습한다.
- 영어의 경우 우리나라 국민들이 익숙하지 않은 r, l / p, f / v, b의 발음에 유의해 발음 한다.
- 약어나 지명을 발음할 때에는 천천히, 정확하게 발음하여야 한다.
- 자음과 모음의 연음에 주의하여 발음하고 또박또박 방송하는 것이 매우 중요하다.
- 영어 단어의 마지막 'd', 't' 등의 발음이 생략되지 않도록 유의한다.
- 단어 중간의 't' 발음이 생략되지 않도록 주의한다.
- 연음에 매우 유의한다.

사실 영어로 말할 때 연음을 사용하는 것은 자연스러운 현상이다. 하지만 공식적인 기내방송 시 연음을 사용하는 것은 바람직하지 않고, 특히 영어권이 아닌 곳에서 학습하고 생활하는 승무원인 경우 연음을 적절히 사용하기 쉽지 않으며, 발음 시 자연스럽지 않으면 주위에서 잘난척 한다고 핀잔을 들을 수 도 있다. 기내방송의 경우에는 절대 사용하지 않도록 유의해야 하며, 참고로 연음이 나는 문장은 다음과 같으니 연음으로 읽지 말고 또박또박 읽는 연습을 하도록 해야 한다.

I'm going to school now.
〈연음 : 암 고나 스쿠울〉 나는 지금 학교에 가고 있다.

When did you get back?
〈연음 : 웬 디쥬 겟백?〉 언제 갈거냐?

Nice to meet you.
〈연음 : 나이스밑츄.〉 만나서 반갑다.

Use your head.
〈연음 : 이쥬어해드.〉 머리를 써.

Why can't he go there?
〈연음 : 와이 캔티 고우 대어?〉 그는 왜 거기에 갈 수 없는거야?

Where can I find him?
〈연음 : 웨어큰아이화이드힘?〉 내가 어디서 그를 찾을 수 있을까?

Can't you wait a little longer?
〈연음 : 캔츄 웨이러 리들 론거?〉 조금만 더 기다릴 수 없니?

자음이 2개 겹쳐 1개만 발음되는 경우

More rain is expected.
〈연음 : 뭐뤠인이즈 익스훽트드.〉 더 많은 비가 예상된다.

Let's stay late tonight.
〈연음 : 레츠 테이레이터나.〉 늦은 밤까지 머무르자.

What does she want to know?
〈연음 : 더쉬원나노우?〉 그녀는 무엇을 알기를 원해?

Who did you see at the party?
〈연음 : 후리쥬씨앳드파리?〉 너는 그 파티에서 누굴 봤니?

What have you done for it?
〈연음 : 헤뷰던 허릿?〉 너는 그것을 위해 무엇을 했어?

Have I done something wrong?
〈연음 : 에바이던 썸띤?〉 나는 뭘 잘못했을까?

Have you seen the movie?
〈연음 : 헤뷰 씬드 뮤비?〉 그 영화 본 적 있니?

❶ R 과 L의 구분에 유의한다.

> Jerry's jelly berries taste really rare.
> Rory's lawn rake rarely rakes really right.
> A really leery Larry rolls readily to the road.
> The road's load is lessened lightly.

L과 R이 모두 혀에 힘이 많이 들어가는 발음으로, R발음은 파란색으로 L발음은 빨간색으로 표시되었으니 한 번씩 읽어 보기를 권한다.

먼저 L은 혀 끝에 힘을 주고 윗 앞니 뒤 입 천정이 튀어나온 곳에 혀를 두고 발음하면 되고 R보다는 높은 음의 소리가 나오면 되는데, 많은 동양권에서 한국의 '엘 처럼 발음하기 때문에 정확한 발음을 알려줄 필요가 있다.

R은 혀를 뒤쪽으로 둥글게 말고 천정에 붙지 않은 채 목에서부터 L보다는 깊고 낮은 소리가 나도록 발음하면 된다.

/ L / as in love

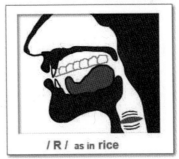

/ R / as in rice

❷ P와 F의 구분에 유의한다.

알파벳 발음 'P'와 'F'는 한국어 '프'발음과 비슷하기 때문에 발음할 때 착오가 있을 수 있다. 비록 소리는 비슷하게 들릴지언정 발음하는 방법에서 차이가 있다. 먼저 'F'는 윗니를 아랫 입술에 얹어준 다음, 이 상태에서 입 밖으로 숨을 쉬면서 바람을 내보내주면 되고, 'P'는 아랫 입술과 윗 입술이 서로 닿도록 입을 다문 상태에서 그대로 바람을 내보내면 된다. 아래의 문장을 읽어보며 연습하도록 하자.

Which fruits do you prefer pineapple or banana?
(파인애플과 바나나 중 어떤 과일을 좋아하나?)

It's a fine weather to play basketball outside?
(야외에서 농구하기 좋은 날씨 이다.)

I'm planning to go camping this afternoon.
(나는 오늘 오후에 캠핑갈 계획이다.)

My birthday party will be hold on Friday.
(내 생일 파티는 금요일에 열릴 것이다.)

❸ **B와 V의 구분에 유의한다.**

B는 [ㅂ]으로 발음하며, 윗 입술과 아랫 입술을 붙였다 뗄 때 목을 울리며 내는 발음이다.

Busy [비지] 바쁜	Bed [벳] 침대
Boy [브오이] → [보이] 소년	Beach [비이취] 해변
Baby [베이비] 아기	Bear [베여어이] 곰, 참다.

V는 아랫 입술을 윗니에 댄 후 떼면서 하는 발음이다. Vase, vet, van, voice 를 연습 해보자.

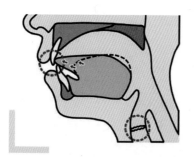

❹ **TH의 발음에 유의한다.**

발음기호는 [ð]이며, '드'라고 발음한다.

옆의 사진을 보며 어떻게 발음하는지 살펴보기 바라며, 윗니 아랫니로 혀 앞부분을 살짝 물고 혀 옆쪽 구멍으로 바람을 내보내면서 성대를 울리며 '드'라고 발음한다.

That [드애트] – **댙**
Then [드에느] – 덴
Bathe [브에이드] – 베이드
This [드이쓰] – 디쓰

Them [드에므] – 뎀
With [우이드] – 위드
Thus [드어쓰] – 더쓰
Smooth [스므우우드] – 스무우드

(2) 억양(Intonation)

"왜 13을 30이라고 발음하지?"

'데이비드 에반스'씨는 자신에게 영어를 배우는 한국 학생이 부모님의 나이 차이를 30세라고 답한게 이상해서 다시 한 번 확인해보니 13세 차이라는 걸 알고 매우 궁금해졌다.

한국인 학생들은 영어로 '13'을 발음할 때는 두 번째 음절인 '틴'부분을 강하고 길게 발음하는 것과 '30'에서는 첫 번째 음절을 보통의 길이로 발음하는 것을 모르는 걸까?

한국어는 일정한 음절 길이와 일정한 리듬을 가진 언어다. 태어나면서 한국어에만 익숙한 한국인들은 다른 언어를 배울 때도 일정한 음절과 리듬 안에서만 이해하려고 한다는 생각이 들었다. 반면, 영어는 올라갔다 내려갔다 톤이 다양하고, 모음 중에도 길게 발음하는게 있는데 높낮이 없는 톤과 동일한 길이의 음절로만 읽고 들으려고 하다 보니 평생 영어 배우기가 어렵기 만한 것이다.

억양은 영어뿐만 아니라 한국어를 포함한 거의 모든 세계 언어 안에 존재한다. 즉, 말소리의 높낮이를 통해 문장의 뜻을 나타내는 것이다. 일반적으로 문장의 끝을 올리게 되면 상대방의 답을 듣기 위한 질문을 하거나 혹은 말할 것이 더 있다는 뜻이고, 끝을 내리게 되면 내가 말할 문장이 다 끝났다는 것을 의미한다. 한편, 한국어와는 다른 영어만의 특이한 억양도 가지고 있는데, 대표적인 경우가 '누가, 언제, 무엇을, 어떻게, 왜'에 대한 질문인 wh- 단어가 들어간 육하 의문문으로, 질문임에도 불구하고 끝을 올리지 않고 내린다. 또한 부가 의문문인 경우 끝을 올리거나 내리는 것에 따라 서로 다른 의미를 갖기도 한다.

그러나 억양은 강세와 마찬가지로 방송하는 승무원의 의도가 가장 우선시 되므로 방송하는 승무원의 의도에 따라 일반적인 유형과는 다른 억양 패턴이 나올 수도 있다. 가장 일반적인 억양 유형은 231형으로 서술문, 명령문, 육하 의문문, 감탄문, 인사 그리고 기내방송문에 쓰인다. 중간음으로 시작해서 문장의 어느 부분에서 고음으로 올라갔다가 저음으로 끝나는 유형이며, 주의할 점은 하나의 주 억양 곡선에서는 단 하나의 음절만이 가장 고음의 소리로 발음된다는 것이다. 앞에서도 언급했듯이 억양은 문장 강세와 밀접한 관계가 있으므로, 문장 강세에 대한 정확한 지식이 없다면 억양에 대한 정확한 이해가 힘들 수 있다.

한편, 우리말로 표현할 때 똑같은 '억양'이라는 단어지만 영어에서는 두 가지 서로 다른 단어로 표현된다. 하나는 지금까지 설명한 말소리의 높낮이 곡선인 인터네이션(intonation)이고, 또 다른 하나는 방언마다 갖고 있는 독특한 발음을 뜻하는 악센트(accent)이다.

우리말은 단어를 읽을 때 특별히 힘주는 부분 없이 일정한 박자로 또박또박 말하는 반면, 영어는 단어 안에 모음이 두 개 이상이면 강세가 있는 부분이 생긴다.

일반적으로 단어 강세는 강세를 받은 음절은 강하고 길게 발음하며, 문장 강세는 문장 내 키워드를 힘을 주어 발음하여 중요한 내용을 강조하는 역할을 할 수 있다. 발음이 내가 전하고 싶은 말의 내용이라고 하면 억양은 내가 전하고 싶은 말의 감정이라고 할 수 있다.

발음을 구성하는 세 가지 요소는 아래와 같다.

- 자음 모음의 발음
- 음절의 강세
- 문장의 억양

이 세 가지는 모두 어우러져서 소리의 본질을 구성하며 자음과 모음의 발음이 정확하면 발음이 좋다는 말을 하기도 한다. 하지만 자음과 모음의 발음은 음절의 강세를 지켜야만 올바른 발음이 되며, 음절의 강세는 영어에서는 매우 중요한 역할을 하곤 한다. 하지만 이 음절의 강세는 그 바탕에 억양이 있다. 그러므로 억양을 배우는 것은 발음에 있어서 제일 중요한 부분이라 할 수 있다.

각 나라마다 특유의 영어 억양이 있어서 비행기 객실 내에서 승객들끼리 사용하는 영어만 들어봐도 한국사람인지, 중국사람인지, 일본사람인지.. 구분이 가게 된다. 억양의 아주 기본적인 부분이지만, 문장이 아직 안 끝났을 때에는 올려주고, 한 문장이 끝났을 경우에는 반드시 끝을 내려주는 것이 좋다.

(3) 액센트 (Accent)

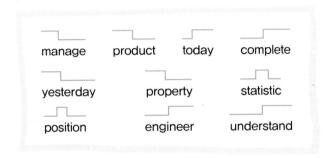

- 문자 의미상 중요한 단어는 힘을 주어 발음하거나 천천히 또박또박 발음한다.
- 단어 고유의 악센트 위치를 지켜야 한다.
- 자음과 모음의 연음에 주의하여 발음하여야 한다.
- 영어는 음의 높낮이 뿐만 아니라 소리의 강 · 약이 함께 표현되어야 한다.

따라서 높낮이 변화가 과장되거나 너무 단조로운 억양이 되지 않도록 해야 한다. 영어 강세에서 단어 안의 음절 강세도 중요하지만 문장 안에서 어떤 단어에 강세를 주어야하는 지도 중요하다. 모든 단어를 같은 강도로 발음하는 것 보다는 명사 · 본동사 · 형용사 · 부사 · 의문사는 강하고 길게 발음하고, 나머지는 상대적으로 낮은 음에서 약하고 빠르게 연결해서 발음하는 것을 권장한다. 관사(a, an, the)는 아주 약하게 하고, 특히 강조해서 말해야 할 부분은 부정문에서 'not', 'nothing', 너무 'too' much, 강조하는 'do' / 'does', 또한 'also', 모든 'all', 'always', 'anything', 그리고 의미를 강조하기 위해 들어간 부사들 등으로, 간단하게 말해서 문장의 내용에 중요한 역할을 하는 단어들만 강하게 발음 한다고 생각하면 된다.

아래의 예문을 읽을 때 엷은 부분은 아주 약하고 빠르게, 굵은 부분은 굵기에 따라 상대적으로 딱딱 강세주는 느낌으로 읽어본다.

> The **main reason** / that I like this **house** / **is** / that it's **more spa-cious** than **apartments** / that I'd **lived** / in my **hometown**.
>
> The **reason** / I've **chosen spring** / as my **favorite season** / **is** / that I like a **picnic** / with **warm weather** / in **spring**.
>
> The **reason** / I **particularly like** this **book** / **is** / that it's **not** / just a **novel**, / but a **true story**.

(4) 강세 주는 법

❶ 1음절 단어

영어의 강세는 모음에 있기 때문에 1음절 단어는 어려울게 없다고 보며, 단어 안의 유일한 모음에 강세를 주면되나 단, 이중모음들은([ei], [ou], [ai], [au], [ɔi]) 하나의 소리 덩어리로 보아 1음절로 생각해야 한다.

> job [dʒɑ:b]   hit [hɪt]   meat [mi:t]   mine [maɪn]

❷ 2음절 단어

2음절 단어부터는 품사가 영향을 미치며, 2음절 단어 중에 약 90% 이상, 명사는 강세가 앞, 동사는 강세가 뒤에 있다.

> teacher [ˈti:tʃə(r)]   doctor [ˈdɑ:ktə(r)]   window [ˈwɪndoʊ]

❸ 동사

한 단어의 의미가 명사, 동사 둘 다 있으면, 앞 규칙처럼 명사는 강세를 앞 동사는 강세를 뒤로 줘서 구분하면 된다.

> produce [prəˈduːs]   expect [ɪkˈspekt]   begin [bɪˈgɪn]

❹ 형용사

형용사는 명사를 꾸며 주기 때문에 명사와 비슷하게 2음절 단어의 약 70%는 강세가 앞에 있다.

> extra [ˈekstrə]   happy [ˈhæpi]   hungry [ˈhʌŋgri]

❺ 부사

부사는 그 쓰임에 따라 다양하게 바뀌며, 형용사 + ly인 경우 원래의 형용사 강세와 같이 강세를 유지한다.

> usual [ˈjuːʒuəl]   actual [ˈæktʃuəl]
> usually [ˈjuːʒuəli]   actually [ˈæktʃuəli]

❻ 빈도부사

얼마나 자주를 나타내는 빈도부사는 강세가 앞에 있다.

> always [ˈɔːlweɪz]   often [ˈɔːfn]   never [ˈnevə(r)]

❼ 2음절 부사

동사를 꾸며주는 부사는 동사랑 비슷한 특징까지 있어서 약 70% 단어가 동사처럼 강세도 뒤에 있다.

> again [əˈgen]   although [ɔːlˈðoʊ]   enough [ɪˈnʌf]

(5) 잠시 멈춤(Pause)

Pause란 기내방송 담당 승무원이 기내방송문을 읽는 과정에서 연이어 읽지 않고 잠시 쉬는 것을 말한다. 여기서 잠시라는 것은 1초 이하를 말하는 것으로 이해하면 편할 듯하다. 이러한 기능은 다음에 읽을 문장을 강조하거나 듣는 승객으로 하여금 문장의 이해력을 높이는데 있다.

 표시에서 끊어 읽기 해보기 바란다.

❶ 주어 앞에 오는 부사구와 부사절은 주어 앞에서 끊어 읽는다.

Under these circumstances / we cannot carry out the plan.

To make matters worse, / it began to rain.

Waving good-by, / she got on the bus.

After he finished the work, / he went out for a walk.

❷ 긴 주어 뒤에서 끊어 읽는다.

To work hard / is your duty.

Making much money / is not the end of life.

That he is a fool / is generally admitted.

What I'm trying to say / is Be happy.

❸ 긴 목적어 앞에서 끊어 읽는다.

He told me / that he had finished the work.

Can you tell me / where I can catch my train?

If my mother knew / what I had done, / she would be furious.

If you asked most men / what their favourite sport was,

/ they would probably say / it was football.

❹ 진주어 또는 진목적어 앞에서 끊어 읽는다.

It is very difficult / for me to do the work.

It is very kind / of you to invite me.

I find it quite impossible / to lie to her.

❺ 접속사 앞에서 끊어 읽는다.

The problem was so difficult / that I could not solve it.

Tom attended the meeting, / but Mary didn't.

Will you lend me that book / when you're finished with it?

❻ 관계대명사와 선행사 사이에서 끊어 읽는다.

This is the book / which I bought.

That is the house / in which I live.

I have a computer / with which I can make a phone call.

❼ 삽입구나 삽입절의 앞과 뒤에서 끊어 읽는다.

He is, / I'm sure, / a really capable teacher.

Busan, / the second largest city in Korea,

/ is famous for its beautiful beaches. The concert,

/ which had been held at the Seoul Arts Center yesterday,

/ was excellent.

(6) 음색(톤, Tone)

본인 고유의 음색을 찾아 자연스러운 소리로 발성하고, 기내 특수한 환경과 상황을 고려하여 세련되며 기내방송 분야에서 전문가다운 적절한 톤을 유지해야 좋은 방송이 될 수 있다.

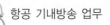
우리 한국인의 특징은 아무리 토익성적이 좋아도 막상 현지인들과 얘기하려 하면 입이 안떨어지고, 뭐라는지 알아듣지 못하며, 좀 더 보충했으면 하는 아쉬움이 많이 남는 경우가 적지않다. 이러한 문제를 극복하려면 책을 읽을 때 한번 큰소리로 읽어 보는게 큰 도움이 될 것 같다.

영어에 있어서 특히 방송연습에서 읽기가 중요한건 말할 필요도 없고 나중에 기내에서 현지인 승객과의 대화에서도 도움을 많이 줄 수 있다. 영어는 눈으로만 익히는 게 아니라 입으로도 익혀야 하는 방법이 필요하며, 기내에서 보면 인도, 동남아 국가 승객들이 영어를 구사할 때(싱글리시, 인글리시 라고 한다) 미국, 영국 승객의 표현과 많이 정말 다르다는 것을 알게 될 것이다. 그게 바로 음색, 톤(Tone)이라는 비밀병기라고 생각하며, 우리도 다를게 하나 없다고 봐야되지 않을까?

따라서 가능한 한 일찍부터 목소리를 영어톤에 맞게 길들이고 연습하는 것이 굉장히 중요하다고 보며, 외국어공부에서 중요한건 외우는게 아니라 실전에 옮기는 것이기 때문에 적절한 톤을 사용하여 기내에서 승객과 많은 대화를 나누어 보는 것이 매우 중요하다고 본다. 그런데 현재 국내의 객실승무원들은 될 수 있으면 현지인과 대화를 안하려고 하니 매우 안타까울 뿐이다.

그리고 영어에 대해 아무리 잘 안다하더라도 말하지 못하거나, 듣지 못하면 아무 소용이 없는 것이니 듣는 연습도 많이 할 것을 권장한다. 미국 본토 발음으로 된 테잎(Tape)이 있으면 제일 좋고, EBS 볼 때도 영어 회화가 나올 경우 자막이나 설명에 의지하지 말고 실제로 안에서 사람들이 말하는걸 이해하려고 귀를 기울이고 들어보면 듣는 실력이 늘어나게 된다. 그리고 듣는 실력이 늘면 알아들으니까 들은 단어들이나 표현들을 따라하면서 배우게 되니까 보고 배우는 것만 할 때 보다 실력이 훨씬 더 늘게 되는 것이다.

(7) 속도(Speed)

영어 방송문 읽기에서 주요단어는 좀 더 여유있고 돋보이게 읽으며 접속사, 전치사, 조동사는 좀 더 빠르게 읽는 것이 좋다. 영어 대화의 속도는 대강 분당

120~200 단어라고 하며, 영어 읽기 속도를 높이려면 무엇보다도 단어의 뜻를 많이 알고 있는 것이 가장 중요하다.

만일 단어를 많이 모른다고 하더라도 문장을 끊어서 읽으면 읽기 속도가 훨씬 빨라지게 되니 유념하기 바란다. 항공사의 방송문에는 모두다 끊어 읽기 (Pause) 표기가 되어 있다. 따라서 후반에 나오는 방송문을 끊어읽기(Pause) 표기에 따라 열심히 따라 읽으면 자연히 속도가 올라가게 된다.

아래의 예문은 끊어 읽기(Pause) 표기를 하지 않은 문장과 끊어 읽기를 표기한 문장에 대한 예문이다. 한 번씩 읽어 보도록 하자.

> Keynote speaker Michael Allen will send the draft of his speech to the events committee on Monday.
>
> Keynot speaker Michael Allen / will send / the draft of his speech / to the events committee / on Monday.

위의 예문처럼 첫 번째 문장을 두 번째 문장처럼 끊어서 읽어주면 되나, 그러기 위해서는 문장에서 주어, 동사, 목적어, 분사구문 등의 구조를 파악하는 연습을 많이 해야 한다.

 영어 발음 연습의 예문 (한 문장 당 수회 반복해서 연습해 보자)

❶ Can you can a can as a canner can can a can?

❷ She saw a seesaw at the seeshore

❸ The batter with the butter is the batter that is better

❹ Rubber baby buggy bumpers.

위에 언급한 사안을 중심으로 하여 이제 다음 장 기내 탑승환영 안내방송을 읽어 보도록 하자.

기내방송의
종류

1. 국제선 방송(International announcement)

2. 국내선 방송(Domestic announcement)

3. 국내공항 코드 및 공항 정식명칭

4. 숫자 및 영어시간 읽을 때 주의사항

기내방송의
종류

 01 국제선 방송(International announcement)

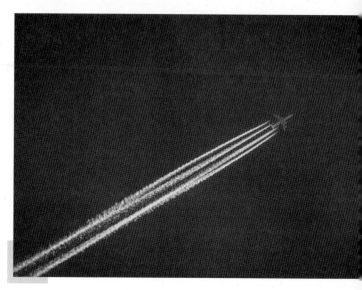

국제선에서 실시되는 방송으로 방송 담당 승무원이 객실사무장 / 캐빈매니저의 지시에 의해 방송을 실시하며, 국제선 비행 시 객실에서는 일반적으로 아래의 방송을 순서에 의거해 주로 실시한다.

또한 정규적인 방송문 이외에 비상사태 발생 시, 장시간 지연, 긴급 회항, 응급환자 발생 등 비정규적이고 상황이 심각한 사태에는 기장이나 객실사무장 또는 캐빈 매니저가 방송을 실시해야 하며, 국제선의 방송 순서는 한국어-영어-제2외국어를 기본으로 하고 전세기등 한국인만 탑승하는 경우에는 한국어만 방송해도 무방하다.

아래는 국제선에서 정상적인 방송을 실시할 때 방송 순서이다.

출발 준비 방송
(Preparation for departure)

탑승 환영방송
(Welcome)

이륙 후 좌석벨트 및 기내 안내방송
(Seatbelt sign off)

기체요동 시 방송
(Turbulence)

기내 면세품 방송
(In flight sales)

도착 전 안내방송
(Arrival information)

하강시작 안내방송
(approaching)

착륙 안내방송
(Landing)

도착 안내 및 감사 방송
(Farewell)

02 국내선 방송(Domestic announcement)

국내선 방송은 국제선 방송에 비해 가지 수가 적고 비교적 덜 복잡한 상황에서 시행하기 때문에 종류 및 방송문의 길이가 국제선에 비해 간편하게 되어 있다. 국내선 역시 정규적인 방송문 이외에 비상사태 발생 시, 장시간 지연, 긴급회항, 응급환자 발생 등 비정상적이고 상황이 심각한 사태에는 기장이나 객실

사무장 또는 캐빈매니저가 방송을 실시하며 한국어와 영어로 방송하고 전세기 등..한국인 승객으로만 이루어진 비행기 에서는 한국어만 방송해도 무방하다. 아래의 순서는 국내선에서 이루어지는 정상적인 방송절차이다.

출발준비 방송 (Preparation for departure)	탑승 환영방송 (Welcome)
이륙 후 좌석벨트 및 기내안내 방송 (Seatbelt sign off)	기체요동 시 방송 (Turbulence)
하강시작 안내방송 (approaching)	착륙안내 방송 (Landing)
도착안내 및 감사방송 (Farewell)	

 03 국내공항 코드 및 공항 정식명칭(국제선은 앞에 설명하였다)

국내도시 코드	국내 지역 명	기내방송 시 사용하는 국내공항 정식명칭
CJJ	청주	청주 국제공항
CJU	제주	제주 국제공항
GMP	서울	김포 국제공항
HIN	진주	진주 사천공항
ICN	국제선 : 서울 국내선 : 인천	인천 국제공항
KAG	강릉	강릉공항
KPO	포항	포항공항
KUV	군산	군산공항
KWJ	광주	광주공항
MPK	목포	목포공항
MWX	무안	무안 국제공항
PUS	부산	김해 국제공항
RSU	여수 · 순천	여수공항
SHO	속초	속초공항
TAE	대구	대구 국제공항
USN	울산	울산공항
WJU	원주	원주공항
YEC	예천 · 안동	예천공항
YNY	양양	양양 국제공항

 숫자 및 영어 시간 읽을 때 주의사항

(1) 항공기 편명 읽는 법

● 한국어 : 숫자를 한 자리 단위로 끊어서 읽으며, '0'은 '공'으로 읽는다.

　예문 908편: 구 공 팔 편

● 영어 : 숫자를 한 자리 단위로 끊어서 읽으면서 '0'은 '제로'로 읽는다.

　단, '0'이 중간에 있는 경우에는 ou로 읽어도 된다.

　예문 304편: three zero four(○) or three ou four(○)

(2) 영어 시간 읽는법

● 시간과 분 단위로 구분하여 읽는다.

● 12시 단위로 표현하여 읽으며, 오전 / 오후 / 저녁은 in the morning / in the afternoon / in the evening으로 구분하며 AM / PM으로 읽어도 무방하다.

● 1분부터 9분까지는 반드시 '0'를 중간에 넣어 읽는다.

　이때 '0'는 오우(ou)로 읽어야 한다.

● 15분, 30분, 45분을 a quarter, a half 등으로 읽지 않는다.

방송용 인터폰
시스템

Chapter

05

방송용
인터폰
시스템

 01 기내방송(PA - Public Address) **우선순위**

일반적으로 모든 항공사의 기내방송은 우선순위 (Priority)가 지정되어 있다. 기내방송의 우선순위는 조종실 방송 PA → 객실방송 PA → PRE RECODED ANNOUNCEMENT PA → VIDEO SYSTEM PA → BGM(Back Ground Music) 순으로 되어 있으며, 우선순위의 의미는 하위순위에서 기내방송을 하고 있더라도 상위순위에서 기내방송을 실시하면 하위순위의 방송은 자동적으로 중지되고 상위순위의 방송이 실시되게 된다.

즉, 객실에서 방송을 통해 승객에게 안내를 하던 중이라도 조종실에서 방송을 실시하면 자동적으로 객실방송은 중지되고, 조종실에서 실시하는 방송이 실시되게 된다. 이렇게 기내에서 방송 우선순위를 정하는 이유는 방송하는 여러 승무원이나 매체의 중요도를 감안하여 승객의 안전을 확보하고 서비스를 향상시키려는데 그 목적이 있다. 즉, 기내방송 우선순위가 높으면 높을수록 방송하는 내용이 승객의 안전과 서비스에 중요하다는 의미이다.

02 사진으로 이해하는 기내방송 우선순위

1. 조종실 방송 PA

2. 객실방송 PA

3.PRE RECODED ANNOUNCEMENT

4. VIDEO SYSTEM PA

5. BGM 뮤직

기내방송 녹음장치 – PRAM 구조별 이해하기
(Pre – Recorded Announcement Module)

PRAM은 국제선을 운항하는 국내항공사 거의 모든 항공기에 장착되어 있으며, 장착 목적은 기내 탑승한 한국어, 영어, 일어권 외 국적의 승객에게 안전 및 서비스 정보를 전달해 주는데 있다.

녹음되어있는 언어를 보면 "중국어", "독일어", "이태리어", "몽골어", "포르투갈어", "러시아어"가 한국어와 동일하게 사전녹음되어 있어 방송담당 승무원이 한국어, 영어 방송을 마치고 패널 위 지정된 번호만 누르면 승객에게 자동으로 방송된다.

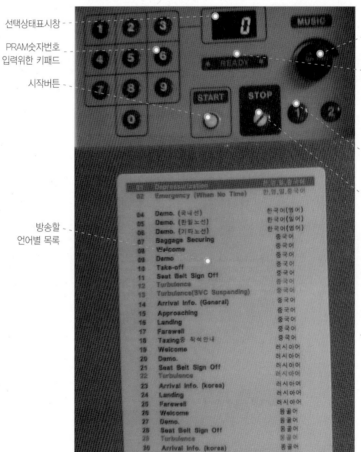

선택상태표시창

PRAM숫자번호
입력위한 키패드

시작버튼

방송할
언어별 목록

보딩뮤직볼륨

READY에 불이
들어올 때
START버튼을
누르면 방송이
진행된다.

보딩뮤직
선택번호

방송정지버튼

기종별 방송용 인터폰 및 사용법

❶ B737 기종 방송용 인터폰(Handset/Interphone)

상대방의 음성을
듣는 수화기

숫자버튼

송화기

PPT버튼: Push To
Talk, 누르고 통화나
방송을 실시한다.

항공기에 설치되어 있는 핸드셋(Handset)은 기내에서 객실 승무원 상호 간에 의사소통과 승객에게 안내방송을 가능하게 해주는 시스템이며, 조종실 및 모든 객실 승무원의 Jump seat 근처에 설치되어 있다.

☑ **B737 기종 인터폰**(Handset / Interphone) **사용법**

- 기내방송 시 8번을 누른다. (사진에는 방송을 너무 많이 사용하여 8번이 지워짐)

- 8번을 누르면 핸드셋(Handset)은 기내방송을 인식하므로 PTT 버튼을 누르고 안내방송을 실시한다.

- 기내방송 사용 후 방송이 끝나면 Reset 버튼을 누른다.

- 5번은 객실 승무원끼리 통화를 할 때 사용하며, 2번은 조종실과 통화를 원할 때 눌러 사용한다.

❷ AIR BUS 330-200 / 300 기종 방송용 인터폰(Handset / Interphone)

A330-200 / 300 핸드셋(Handset) 및 기내방송장치 내·외부

수화기 ------

숫자버튼 ------

송화기 ------

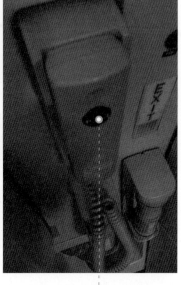

기내방송 할 때 누르고 하는 버튼. 보잉사는 PTT버튼을 누르고 통화하나 AIRBUS 항공기는 이 버튼을 누르면 바로 기내방송으로 연결되니 주의를 요한다.

인터폰을 고정장치에서 빼낼 때 누르는 장치. 즉 이 버튼을 누르면 인터폰이 고정장치에서 분리된다.

 참고

☑ A330-200 / 300 기종 기내방송 시 인터폰(Handset / Interphone) 사용법

PTT 버튼

Push To Talk의 약자로 보잉사 항공기에서는 기내방송, 승무원 상호간 통화 시 키패드의 해당 숫자를 누른 후 PTT 버튼을 반드시 누르고 사용하여야 기내방송 및 인터폰 통화가 가능하나, Airbus 항공기 에서는 승무원 상호간 통화 시 누르지 않고 사용해야한다. Airbus 항공기는 기내방송 시에만 PTT 버튼을 누르고 사용하며 만일 PTT 버튼을 누르고 인터폰 통화 하게 되면 승무원 상호간 통화내용이 객실로 방송되어 민망한 경우가 발생될 수 있다. (저자도 수회 경험한 사례이다.)

- 기내 승무원 좌석 옆에 장착된 핸드셋을 꺼내 든다.

- 다른 버튼을 누를 필요 없이 사진의 직사각형 PPT 버튼을 누르고 기내방송을 실시한다.

- 방송 완료 후 정 위치에 넣는다.

- 핸드셋(Handset)을 홀더(크래들-CRADLE)에서 뽑을 때 떨어뜨리는 경우가 많이 발생하므로 천천히 작동시킨다.

- PA로 사용 시 마이크 센서가 상당히 민감하니 적당 거리를 두고 기내방송을 실시한다.

❸ B777-200 / 300 기종 방송용 인터폰(Handset / Interphone)

통화나 방송을 하
기 위해 인터폰을
빼낼 때 인터폰을
위쪽으로 밀면 이
커버가 움직이며
분리할 수 있다.

인터폰, 방송,
비상신호 안내판

수화기

숫자버튼

PTT 버튼 :
인터폰, 기내방송을
할 때 누르고
실시한다.

Reset버튼

송화기

B777 기내 안내방송 시 사용하며, 승무원끼리 통화할 때 사용하는
핸드셋(Handset)

☑ B777-200 / 300 기종 기내방송 시 인터폰(Handset / Interphone) **사용법**

● 기내방송을 하기 위해서 핸드셋(Handset)을 홀더(크래들-CRADLE)에서 꺼낸다.

● 핸드셋(Handset) 번호 중 46을 누르면 방송할 준비가 되며, 하단의 PTT 버튼을 누르고 기내방송을 실시한다.

● Reset 시키기 위해서는 Reset Button을 누르거나 원위치로 넣는다.

*PTT : Push To Talk의 약자

❹ B747-400 기종 기내방송 시 인터폰(Handset / Interphone) **사용법**

B747-400 핸드셋
(Handset)

MID GALLEY에 설
치되어 있는 핸드셋
(Handset)

항공기 내에서 객실 승무원 상호 간에 의사소통과 승객에게 기내방송을 가능하게 해주는 시스템 이다

☑ B747 기종 기내방송 시 인터폰(Handset/Interphone) 사용법

● 핸드셋(Handset)을 홀더(크래들–CRADLE)에서 꺼내 든다.

● B777 기종과 마찬가지로 46번을 누른 후 PTT 버튼을 누르고 방송한다.

● 사용 후 원위치로 넣으면 Reset되나 Reset Button을 사용해도 가능하다.

  *PTT : Push To Talk의 약자

❺ A 380 기종 방송용 인터폰(Handset / Interphone)

객실 승무원용 핸드셋(Handset) / 방송용 시스템

인터폰을 고정장치에서 분리하기 위해 누르는 버튼으로 이 버튼을 누르면 분리된다.

송화기. 상당히 민감하여 방송 시 숨소리까지 기내에서 잘 들리니 유의한다.

상태표시창   PPT 버튼   숫자버튼

통화 시작버튼. 이 버튼을 눌러야 상대방 인터폰에 신호가 간다.

통화종료 버튼   수화기

A380 객실승무원용 인터폰 / PA

인터폰 내부모습

인터폰 내부전경

기내에서 객실 승무원 상호 간의 의사소통과 기내 안내방송을 원활하게 해주는 기구이며, 핸드셋 설비는 조종실 및 객실의 각 객실 승무원 위치에 있다.

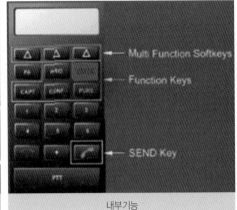

Jump Seat에 설치된 인터폰	내부기능	원하는 장소 선택된 모습

☑ A 380 기종 기내방송 시 인터폰(Handset / Interphone) 사용법

- 기내방송을 하기 위해서는 핸드셋(Handset) 홀더(크래들-CRADLE)에서 인터폰을 꺼내 든다.
- 번호 키 중 제일 왼편 상단 두 번째 열 PA버튼을 누르고,
- PTT 버튼을 누른 후 안내방송을 실시한다.
- Reset을 위해서는 Reset 버튼을 누르거나 핸드셋을 원위치 시키면 된다.

  *PTT : Push To Talk의 약자
- 핸드셋의 목소리 감지 센서가 방송 담당 승무원의 숨소리 까지 반영할 정도로 매우 민감하므로 방송 중 옆 좌석에서 잡담을 하거나, 성대를 가다듬기 위해 음음하는 소리, 기침을 하는 등의 부수적인 행동을 하지 않아야 한다.

☑ 올바른 비행기 마이크(핸드셋)사용법

- 사전 연습방송을 실시하여 볼륨이나 잡음발생 여부 등의 마이크 성능을 미리 파악하고 자신의 목소리와 적절한 조화가 될 수 있도록 한다.
- 마이크와 방송하는 승무원의 입술과의 거리는 일반적으로 2 ~ 3cm 정도가 무난하며, 마이크 하단의 송화기에 입술이 정면으로 향하도록 해서 볼륨 및 방송의 정확도가 최적의 상태를 유지할 수 있도록 해야 한다.

공항별
도시특성화
안내방송하기

1. 국제선 도착 도시별 특성화 문구

Chapter

06

공항별
도시특성화
안내방송하기

인천 국제공항을 출발한 항공기가 도착하는 여러 곳의 공항은 국가별·공항별 특징과 법규의 차이, 환승 하는 법이 다르기 때문에 도착 도시별 특성화 안내방송을 실시하여야 한다.

도시별 특성화 안내방송이란 항공기가 도착하는 도시의 특징이나 장점을 문구화한 것으로, 국내에서는 대한항공에서 처음 실시하였다.

이러한 도시특성화 안내방송을 실시하는 이유는 승객으로 하여금 도착 도시의 특징을 한 번에 알 수 있도록 하고, 도시의 특징에 맞게 옷차림이나 기타 여러 가지 동반되는 행동을 맞추어 편의를 도모할 수 있게 되도록 유도하는 것이다.

요즘에는 도착 후 BGM도 도착 도시를 나타낼 수 있는 음악을 사용하여, 기내 도시특성화 방송과 함께 사용하는 항공사도 많이 있어 효과를 극대화 할 수 있도록 되어 있다.

국내 항공사별로 차이가 있지만 내용이 의미하는 것은 동일하므로 참고하도록 한다.

01 국제선 도착 도시별 특성화 문구

항공사에서는 국제선 목적지 공항 도착 후 다음과 같은 도착지 도시별 고유한 특징을 나타내는 특성문안을 방송하여 승객의 이해와 편의를 돕는다.

❶ 일본

- 삿포로 : 눈과 축제의 도시 삿포로
- 하네다 : 일본 정치·경제·문화의 중심 도쿄
- 나리타 : 세계 문화가 공존하는 도시 도쿄
- 오사카 : 역사와 문화의 도시 오사카
- 나고야 : 세계를 선도하는 산업도시 나고야
- 후쿠오카 : 전통이 살아 숨쉬는 규슈의 관문 후쿠오카
- 고마쓰: 일본 알프스의 관문 고마쓰

❷ 중국

- 베이징 : 중국 천년의 수도이자 세계적인 역사와 문화의 도시 베이징
- 상하이 : 중국 금융 허브도시 상하이
- 홍콩 : 동서양이 조화를 이루는 동양의 진주 홍콩
- 우한 : 삼국지의 주요 무대이자 중국 중원의 대표도시 우한
- 톈진 : 중국 북방 경제의 중심, 톈진
- 광저우 : 음식문화의 천국 광저우
- 창사 : 중국 남북을 연결하는 중요한 산업도시 창사
- 쿤밍 : 다양한 소수민족의 문화가 어우러진 봄의 도시 쿤밍
- 다롄 : 낭만과 패션의 도시 다롄

❸ 미국

- 호놀룰루 : 태평양의 낙원 호놀룰루
- 워싱턴 : 미국의 수도이자 세계 정치의 중심지 워싱턴

- 로스엔젤레스 : 천사의 도시 로스엔젤레스
- 샌프란시스코 : 자유와 낭만이 넘치는 아름다운 항구도시 샌프란시스코
- 애틀란타 : 미국 남동부의 역사가 살아있는 도시 애틀란타
- 달라스 : 카우보이의 고향 달라스
- 시카고 : 세계적인 건축의 도시 시카고
- 시애틀 : 미 북서부의 관문이자 아름다운 항구도시 시애틀
- 뉴욕 : 세계 금융, 예술, 패션의 중심지 뉴욕
- 라스베이거스 : 미서부 정열과 낭만의 도시 라스베이거스

❹ 캐나다

- 밴쿠버 : 광활한 대지와 푸른숲, 자원의 보고 캐나다 밴쿠버
- 토론토 : 다민족 · 다문화가 공존하는 도시 토론토

❺ 네덜란드

- 암스텔담 : 풍차와 튤립이 있는 평화로운 도시 암스텔담

❻ 케냐

- 나이로비 : 아프리카 경제와 국제 외교의 중심 도시 나이로비

❼ 프랑스

● 파리 : 예술과 낭만의 향기가 넘치는 문화
  의 도시 파리

❽ 이탈리아

● 로마 : 찬란했던 영광이 살아 숨쉬는 고도
  로마

● 밀라노 : 예술과 패션이 공존하는 도시 밀
  라노

❾ 독일

● 프랑크푸르트 : 독일 금융산업의 중심지 프
  랑크푸르트

❿ 터키

● 이스탄불 : 동양과 서양의 가교 이스탄불

⑪ 영국
- 런던 : 오랜 역사와 전통이 숨쉬는 도시 런던

⑫ 스페인
- 마드리드 : 투우와 플라멩고의 정열이 숨쉬
는 스페인 마드리드

⑬ 체코
- 프라하 : 유럽의 심장이자 백탑의 황금도시
프라하

⑭ 오스트리아
- 비엔나 : 아름답고 푸른 다뉴브강이 흐르는
비엔나

⑮ 스위스

● 취리히 : 알프스 기슭에 위치한 세계의 공
원 스위스 취리히

⑯ 이스라엘

● 텔아비브 : 성지로 가는 길목 텔아비브

⑰ 아랍에미레이트

● 두바이 : 아라비아만 연안의 국제 무역항
두바이

☑ **대양주**

⑱ 뉴질랜드

● 오클랜드 : 청명한 자연이 공존하는 상업도
시 오클랜드

⑲ 호주

● 브리즈번 : 아름다운 햇살과 금빛모래, 골드코스트의 도시 브리즈번

● 멜버른 : 호주의 문화, 예술의 도시 멜버른

● 시드니 : 세계적인 미항 호주 시드니

⑳ 피지

● 난디 : 남태평양의 쪽빛 낭만, 난디

☑ 동남아

㉑ 말레이시아

● 쿠알라룸푸르 : 고대와 현대가 조화를 이룬 정원 속의 도시 쿠알라룸푸르

● 코타키나발루 : 황홀한 석양의 섬 코타키나발루

㉒ 태국

● 방콕 : 황금빛 천사의 도시 방콕

● 푸켓 : 열대의 아름다운 해변 휴양지 푸켓

㉓ 인도

● 뭄바이 : 인도 최대의 상업도시 뭄바이

㉔ 필리핀

● 세부 : 필리핀 역사가 살아 숨쉬는 도시 세부

㉕ 인도네시아

● 자카르타 : 고대와 현대가 함께 숨쉬는 도시 자
카르타

● 발리 : 신비로 가득
찬 환상의 섬 발리

㉖ 괌_(미국령)

- 괌 : 남국의 정취를 만끽할 수 있는 태평양
  의 낙원 괌

㉗ 베트남

- 하노이 : 유네스코 세계자연유산인·하롱베
  이의 도시 하노이
- 호치민

㉘ 싱가폴

- 싱가포르 : 동서양 으로 조화가 어우러진 여
  행자의 낙원 싱가포르

☑ **중앙아시아**

㉙ 우즈베키스탄

- 타슈켄트 : 유라시아를 횡단하는 실크로드
  의 중심지 타슈켄트

㉚ 러시아

● 모스크바 : 중세역사와 예술을 간직한 황금
지붕의 도시 모스크바

● 이르쿠츠크 : 시베리아의 진주 이르쿠츠크

● 상트페테르부르크 : 문학과 예술의 도시 상
트 페테르 부르그

● 블라디보스토크 : 극동 러시아의 관문 블라
디보스토크

정상적 상황
기내방송하기
(실습)

1. 비행기 출발 5분 전에 실시하는 방송
2. 탑승 환영방송(Welcome announcement)
3. 이륙 후 좌석벨트 사인 꺼진 직후 벨트 상시착용 안내
4. 식사서비스 끝난 후 미국 입국서류 배포
5. 기내 판매
6. 비행 중 기체요동 1차
7. 비행 중 기체요동 2차
8. 장거리 두 번째 서비스의 시작 안내방송
9. 기장의 Arrival information(기장 안내방송)
10. 헤드폰 회수
11. 목적지 도착 후 환승하는 승객
12. 여권소지 안내방송
13. 환승 안내방송(일본 나리타공항, 이탈리아 밀라노공항)
14. 환승 안내방송
    (오스트리아 비엔나공항, 네덜란드 암스테르담공항)
15. 환승 안내방송(사우디아라비아 리야드공항)
16. Approaching(approaching 사인 울린 후 실시
    – 착륙 20분 전)
17. Landing(landing 사인 울린 후 방송실시
    – 착륙 5분 전)
18. 착륙 후 farewell(엔진 역회전 종료 후
    활주로를 벗어난 경우 실시)

Chapter 07

정상적 상황
기내방송하기
(실습)

기내방송하기 실습 전 주의사항

● 영어의 경우 "/"표가 있는 경우 반드시 쉬어 읽어야 한다.

● 한국어·영어 방송문은 명쾌하고 발랄하게 읽어야 한다.

● 영어의 경우 악센트에 주의하고 정확히, 또박또박 읽어야 한다.

● 실습할 기내방송문을 거의 외우는 것을 추천한다.

32년간 기내에서 수많은 기내방송을 해왔고 청취해온 저자의 입장에서 예비 승무원에게 방송에 관한 팁을 준다면, 아래의 방송문들은 우리 예비 승무원들이 비행을 하게 되면 매번 비행마다 듣기 싫어도 강제도 듣게되는, 즉 기내방송 빈도가 매우 높은 기내방송문들이다. 따라서 기내방송 부문에 숙달이 되기 위해서는 먼저 한국어·영어 기내방송문을 거의 외울 수 있도록 많이 읽어보는 것이 매우 도움이 될 것이다.(잊지 말자!!)

01 비행기 출발 5분 전에 실시하는 방송

● 매 비행기 출발 5분 전에 실시한다.

● 모든 승객이 탑승하고 기용품 탑재가 완료되었으며, 기장에게 탑승인원 특이사항 보고 직후 및 지상직원과의 인수인계가 완전히 끝난 후 실시한다.

● "안내방송 시 표준어 구사 기술, 적절한 음량이 요구된다."

손님 여러분,

_____(공항명)까지 가는 OOO항공 _____편 잠시 후 출발 하겠습니다.

갖고 계신 짐은 앞 좌석 아래나 선반 속에 보관해 주시고,

지정된 자리에 앉아 좌석벨트를 매 주시기 바랍니다. 감사합니다.

Ladies and gentlemen,/

This is OOO air flight _____bound for _____(공항명) ./

We are just _____ minutes away from departure,/

Please make sure/ that your carry on items are stored/ in the

overhead bins/ or under the seat in front of you./

Also,/ please take your assigned seat/ and fasten your seat belt./ Thank you/

02 탑승 환영방송(Welcome announcement) 실습 참고사항

● 항공기 DOOR Safety check 후 승무원 인사준비 완료 시 실시한다.

● 승객이 비행기에 탑승 후 청취하는 첫 기내방송이므로, 경쾌하고 승객의
탑승을 진심으로 환영하는 마음가짐으로 방송한다.

● 본 탑승 환영방송이 시작되면 객실 승무원은 담당구역의 승객에게 인사
후 앞에서 뒤로 이동하면서 좌석벨트 CHECK를 실시한다.

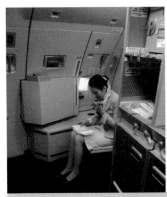 

A330 항공기 승객탑승 후 기내방송하는 승무원

● "안내방송 시 표준어 구사 기술, 적절한 음량, 정확성 유지가 요구된다."

탑승 환영방송은 항공기 승객 탑승 완료 후 → Door를 닫은 다음 → Safety Check 직후 → 실시하며, 모든 객실 승무원은 담당구역 전방에 위치하여 방송의 첫 문구에 맞추어 승객을 향해 인사한다.

탑승 환영방송문에는 기장의 이름과 비행시간, 출발지, 목적지가 포함되어 방송되며, 합동브리핑 시 기장으로부터 정보를 얻는다.

또한 목적지 지역의 특성상 현지 승무원이 탑승한 경우 현지 승무원이 방송을 담당하나 현지 승무원이 탑승하지 않았을 경우 제3외국어(일본어, 중국어, 러시아어, 태국어, 불어, 독어, 스페인어) 방송은 PRAM(Pre-Recorded Announcement Module) 시설이나 지상에서 현지어를 녹음하여 기내에 탑재된 카셋트 테이프를 사용하여 방송한다.

소중한 여행을 저희 OOO항공과 함께 해주신 손님 여러분,
안녕하십니까?(전체 승무원 인사)
스카이팀 회원사인 저희 OOO항공은 여러분의 탑승을 진심으로 환영합니다.
이 비행기는 ____(도시명)까지 가는 OOO항공 ____편입니다.
목적지인 ____(도시명)까지 예정된 비행시간은 이륙 후 ____시간 ____분입니다.
오늘 ____(성명)기장을 비롯한 저희 승무원들은 여러분을 정성껏 모시겠습니다.
출발을 위해 좌석벨트를 매주시고 등받이와 테이블을 제자리로 해 주십시오.
그리고 휴대전화는 비행기 항법장비에 영향을 줄 수 있으니
전원을 꺼주시기 바랍니다.
계속해서 기내 안전에 관해 안내해 드리겠습니다.
잠시 화면(객실승무원)을 주목해 주시기 바랍니다.

Good morning(/afternoon/evening), ladies and gentlemen,/
Captain (성) and the entire crew/ Would like to welcome you on board
000 air, a skyteam member./
This is flight____,bound for ____./
Our flight time today will be ____hour(s) and ____minute(s)/ after take off./
During the flight,/ our cabin crew will be happy to serve you/ in any way we can./
To prepare for departure,/ please fasten your seatbelt/ and return your seat tray table/ to the upright position./
We also ask you/ to turn off all mobil phones/ as they can interfere with the aircraft's navigational system./
And please direct your attention for a few minutes/ to the video screens for safety information./

 ## 03 이륙 후 좌석벨트 사인 꺼진 직후 벨트 상시착용 안내

실습 참고사항

- 비행기 이륙 후 좌석벨트 사인이 꺼진 직후 실시한다.(시점준수)
- "안내방송 시 표준어 구사 기술, 적절한 음량이 요구 된다."

손님 여러분, 방금 좌석벨트 표시등이 꺼졌습니다. 그러나 비행기가 갑자기 흔들리는 경우에 대비해 자리에서는 항상 좌석벨트를 매고 계시기 바랍니다.
그리고 선반을 여실 때는 안에 있는 물건이 떨어지지 않도록 조심해 주십시오.

Ladies and gentlemen,/

The captain has turned off the seatbelt sign./
In case of any unexpected turbulence,/ we strongly recommend you keep your seatbelt fastened/ at all times while seated./
Please use caution when opening the overhead bins/ as the contents may fall out./

04 식사서비스 끝난 후 미국 입국서류 배포

- 첫 번째 기내식 서비스가 종료되면, 이어 입국서류 제공을 하게 된다.
- 따라서 입국서류를 제공하기 직전에 방송을 실시한다.
- 목적지 입국서류가 완벽히 준비된 후(입국서류, 볼펜, 해당국가 업무지식) 실시한다.
- "안내방송 시 표준어 구사 기술, 적절한 음량 유지가 요구 된다."

손님 여러분, 지금부터 미국 입국에 필요한 서류를 나눠 드리겠습니다.
미국 비자를 갖고 계신 분은 입국카드와 세관신고서를, 전자여행허가 승인을 받으신 분은 세관신고서만 작성하시기 바랍니다.
모든 입국서류는 영어 대문자로 작성해야 하며, 입국카드는 개인당 1장, 세관신고서는 가족당 1장만 적으시면 됩니다.
궁금한 점이 있으신 분은 저희 승무원에게 문의하시기 바랍니다.

Ladies and gentlemen,/
Our cabin crew will be handing out entry documents for the United States./
Please notify our cabin crew/ if you need any information or assistance./

05 기내판매 실습 참고사항

- 입국서류 배포 중 담당 승무원은 기내 판매 준비를 실시한다.
- 입국서류 배포 완료 후 즉시 기내 판매 안내방송을 실시한다.
- "안내방송 시 표준어 구사 기술, 적절한 음량, 친절한 목소리가 요구된다."

손님여러분, OO 항공에서는 손님 여러분의 편리한 쇼핑을 위해 우수한 품질의 다양한 면세품들을 일반 면세점보다 저렴한 환율로 판매하고 있습니다.
구입을 원하시는 분은 판매카트가 지나갈 때에 말씀해 주시기 바랍니다.

Ladies and gentlemen,/
Our in flight duty free sales have started/ and you may now purchase duty free items./
If you need any assistance,/ our cabin crew is happy to help you./

06 비행 중 기체요동 1차 실습 참고사항

● 비행 모든 단계에서 실시하는 방송문이기 때문에 방송담당 승무원 뿐만 아니라 전 팀원이 즉시 방송할 수 있도록 평소 준비해 두어야 한다.

● 비교적 짧은 방송문인 관계로 외울 수 있도록 노력한다.

 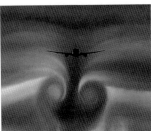 

- 방송 중 모든 승무원은 승객의 안전벨트 상태를 확인해야 한다.
- "안내방송 시 표준어 구사 기술, 적절한 음량, 정확성 유지가 요구된다."

손님 여러분,
비행기가 흔들리고 있습니다.
좌석벨트를 매주시기 바랍니다.

Ladies and gentlemen./
We are experiencing turbulence./
Please return to your seat/ and fasten your seatbelt./

07 비행 중 기체요동 2차 실습 참고사항

- 기체요동(Turbulence) 1차 방송 후 기체요동의 강도가 더 강해질 경우 기장의 신호를 접수한 후 실시한다.(기장은 "승무원 착석하세요."라는 멘트를 실시한다)
- 기체요동 2차 방송 중 담당 객실 승무원은 승객의 안전벨트를 확인하지 않고 바로 점프시트에 착석해야 한다.
- "안내방송 시 표준어 구사 기술, 적절한 음량, 정확성 유지가 요구된다."

손님 여러분, 비행기가 계속해서 흔들리고 있습니다.
좌석벨트를 매셨는지 다시 한 번 확인해 주시고 화장실 사용은 삼가시기 바랍니다.

Ladies and gentlemen./
We are continuing to experience turbulence./
For your safety,/ please remain seated/ with your seatbelt fastened./

08 장거리 두 번째 서비스 시작 안내방송 실습 참고사항

- 일반적으로 첫 번째 기내식 제공 6시간 경과 후 두 번째 기내식을 제공하기 전 실시한다.
- 주무시는 승객이 많은 관계로 적절한 톤의 방송이 요구된다.
- 기내 조명을 상향시키는 단계에서 동시에 방송하면 효과가 크다.
- "안내방송 시 표준어 구사 기술, 적절한 음량이 요구된다."

손님 여러분. 편히 쉬셨습니까?
우리 비행기는 앞으로 약 00시간 00분 후에 000공항에 도착하겠습니다./
지금부터 음료와 간단한 식사를 드리겠습니다.

Ladies and gentlemen/
We expect to land at 000airport in about 00hours and 00minutes./
Our cabin crew will be serving drinks and a light snack in a few minutes./

 09 기장의 Arrival information(기장 안내방송) 실습 참고사항

기장의 요청이 있을 때 객실 사무장과 캐빈 매니저가 방송할 수 있다.

손님 여러분. 저는 기장입니다.
손님 여러분께 도착지 정보를 말씀 드리겠습니다.
우리 비행기는 앞으로 약 40분 후에 로스엔젤레스 국제공항에 착륙 예정입니다. 현재 공항의
날씨는 맑고 기온은 섭씨 21도입니다.
지금 이곳의 시각은 10월 18일 금요일 오후 10시입니다.
감사합니다.

Good Afternoon Ladies and gentlemen/
This is Caption (　) Speaking./
We will be landing at/ (　)airport in about (　)minutes./
Current weather Conditions at (　)airport is /(　),temperature is (　)degrees
Celsius/ and today's date is 00/
Thank you./

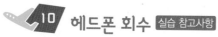

10 헤드폰 회수 실습 참고사항

- 기장의 Arrival information 방송에 이어 실시한다.
- 본 방송은 헤드폰 회수뿐만 아니라 목적지 국가의 출입국 서류 점검의 의미도 포함되므로 사전 출입국정보를 정확히 파악하고 방송해야 한다.
- "안내방송 시 표준어 구사 기술, 적절한 음량이 요구된다."

안내 말씀 드리겠습니다.
지금부터 헤드폰과 잡지를 걷겠습니다.
대한민국에 입국하시는 손님 여러분께서는 입국에 필요한 휴대품 신고서를 다 쓰셨는지 확인해 주십시오. 그리고 미화 만불 이상. 또는 이에 해당하는 외화를 지니셨거나, 미화 400불 이

상의 물품을 구입하신 분은 그 내용을 휴대품 신고서에 반드시 신고해 주시기 바랍니다. 여행자 휴대품은 세금 사후 납부제도를 이용하실 수 있으며, 신고대상 품목을 자진신고하지 않은 경우 가산세가 부과됨을 알려드립니다.

또한 국내 구제역 확산 방지를 위해, 해외에서 가축농장을 방문하셨거나 축산물을 가져오신 분은 가까운 검역기관에 신고해 주시기 바라며, 축산관계인은 사전에 세관신고서를 작성하시고 입국심사를 받은 후 검역기관의 소독조치를 받아주시기 바랍니다.

Ladies and gentlemen,/
All passengers entering Korea/ are requested to have your entry documents ready./ If you are carrying foreign currency more than 10,000 US dollars,/ or if you acquired more than 400 US dollars worth of articles abroad,/ please declare them on the customs form./
We would like to inform you/ that bringing any agriculturlal animal or marine products into Korea/ is strictly prohibited./
Thank you for your cooperation./

11 목적지 도착 후 환승하는 승객 실습 참고사항

- 목적지 도착 후 환승하는 승객만 해당되므로 주변승객에게 지나치게 크게 들리지 않도록 적절한 음량으로 방송한다.
- 환승승객에게 개별적으로 안내를 하지 않은 경우 방송만으로 정보를 제공해야 하기 때문에 재탑승 시간, 장소를 정확히 발음해야 한다.
- "안내방송 시 표준어 구사 기술, 적절한 음량, 정확성 유지가 요구된다."

도착 전 환승게이트 정보가 지상으로부터 아래와 같이 항공기 조종실로 수신된다. 참고로 이 비행기는 저자가 객실 사무장으로 탑승근무하였고 심야에 말레이시아 쿠알라룸푸르를 출발하여 다음날 새벽 인천공항에 도착하는 대한항공 비행기로, 인천공항에서 각국으로 환승하는 승객을 위해 환승게이트 번호 및 시간을 알려준 것이며, 지상에서 비행기 인천공항 도착 전 조종실로 보내준 전문이다. 객실 승무원은 이 전문 내용을 바탕으로 환승하는 승객에게 환승하는 비행기의 출발시간과 게이트넘버를 알려 준다.

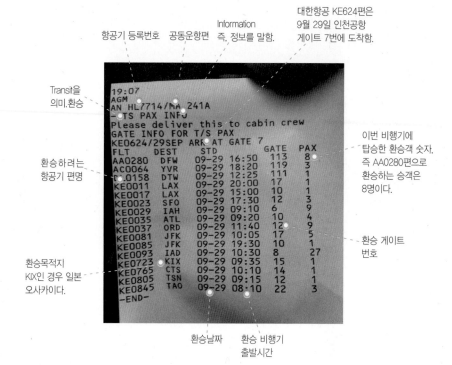

항공기 등록번호   공동운항편   Information 즉, 정보를 말함.   대한항공 KE624편은 9월 29일 인천공항 게이트 7번에 도착함.

Transit을 의미.환승

이번 비행기에 탑승한 환승객 숫자. 즉, AA0280편으로 환승하는 승객은 8명이다.

환승하려는 항공기 편명

환승 게이트 번호

환승목적지 KIX인 경우 일본 오사카이다.

환승날짜   환승 비행기 출발시간

계속해서 이 비행기로 OOO(도시명)까지 가시는 손님 여러분께 안내말씀 드리겠습니다.
OOO공항에 도착하면 모든 짐을 갖고 내리시고 탑승권도 잊지 마시기 바랍니다.
내리신 후에는 지상직원의 안내에 따라 통과카드를 받으신 다음, 공항 대기장소에서 기다려 주십시오.
이 비행기의 다음 출발시간은 ___시 ___분 이며, 탑승시간은 공항에서 알려 드리겠습니다.
감사합니다.

Ladies and gentlemen,/
Passengers continuing on to ___ with us/ should take all your belongings with you including boarding pass/ when you leave the airplane./
After leaving the aircraft,/proceed to the transit area,/
Our scheduled departure time for ___ is ___am,pm./
Please listen for a boarding announcement/ in the transit area./
Thank you./

12 여권소지 안내방송 실습 참고사항

- 항공기가 주기장 도착 후 승객이 하기하기 직전에 실시한다.
- 상위클래스 승객은 개별안내를 원칙으로 한다.
- 해당 공항 출입국관리의 요청이 있을 시만 실시한다.
- "안내방송 시 표준어 구사 기술, 적절한 음량이 요구된다."

안내 말씀 드리겠습니다.
비행기에서 내리실 때 현지 출입국 직원이 여권검사를 하겠습니다. 여권을 미리 준비하시기 바랍니다.
감사합니다.

Laides and gentlemen./
At the request of the local Immigration authorities,/ please have your passport in hand/ when you deplane./
Thank you for your cooperation./

13 환승 안내방송(일본 나리타공항, 이탈리아 밀라노공항) 실습 참고사항

계속해서 이 비행기로 OOO까지 가시는 손님 여러분께 안내 말씀 드리겠습니다.
OOO공항에 도착하면 모든 짐을 갖고 내리시고 탑승권도 잊지 마시기 바랍니다.
내리신 후에는 저희 지상직원의 안내에 따라 통과카드를 받으신 다음 공항 대기장소에서 잠시 기다려 주십시오.
이 비행기의 다음 출발시간은 OO시 OO분이며, 탑승시간은 공항에서 알려 드리겠습니다.
감사합니다.

Ladies and gentlemen./
Passensers continuing to OOO with us/ should take all your belongings with you/

including boarding pass /when you leave the airplane./ After leaving
the aircraft/ collect a transit card /and then proceed to the transit area./
Our scheduled departure time for 000 is/ 00am/pm./
Please listen for a boarding announcement/ in the transit area./
Thank you./

 14 환승 안내방송(오스트리아 비엔나공항, 네덜란드 암스테르담공항)

계속해서 이비행기로 000까지 가시는 손님 여러분께 안내 말씀 드리겠습니다.
000공항에 도착하면 모든 짐을 갖고 내리시고 탑승권도 잊지 마시기 바랍니다.
내리신 후에는 저희 지상직원의 안내에 따라 통과카드를 받으신 다음 공항 대기장소 에서 잠
시 기다려 주십시오
대기장소 밖으로 나갔다가 재 입장하시는 경우에는 다시 보안 검색을 받으셔야 하며,
액체류 반입에도 제한을 받게 됩니다. 이점 유의하시기 바랍니다.
이 비행기의 다음 출발시간은 00시 00분이며, 탑승시간은 공항에서 알려 드리겠습니다.
감사합니다.

Ladies and gentlemen./
Passensers continuing to 000 with us /should collect a transit card after leaving
the airplane /and then proceed to the transit area./
For your safety,/ security check/when they re enter the transit area./
In addition,/ they must comply with on board regulations regarding liquid/ and
gel items./
Our scheduled departure time for 000 is/ 00am/pm.
We will start re-boarding in about 00 minutes./
Please listen/ for a boarding announcement in the transit area./
Thank you./

15 환승 안내방송(사우디아라비아 리야드공항) `실습 참고사항`

● 다음의 방송 실시장소는 사우디아라비아 리야드공항이고, 착륙 후 실시하
는 방송이다. 제다까지 가시는 모든 승객이 기내 대기를 해야 되는 상황이
므로 승객이 잘 청취할 수 있도록 반복해서 방송해야 한다.

- 한국인 승객의 경우 흡연을 원하시는 승객이 많을 수 있으므로 흡연제지 방송도 함께 하는 것을 권장한다. 리야드공항 구내에서는 흡연구역이 없으므로 금연 유지가 요구된다.
- "안내방송 시 표준어 구사 기술, 적절한 음량이 요구된다."

계속해서 안내말씀 드리겠습니다.
이곳 리야드가 최종 목적지인 손님 여러분께서는 도착 후 모든 짐을 갖고 탑승권을 손에 든채 내리시기 바랍니다. 또한 제다까지 가시는 손님 여러분께는 도착 후 지상직원이 환승카드를 배포한 후 회수할 예정임을 알려드립니다.
도착 후 지상에서 기내청소 및 보안점검이 이루어질 예정이오니 손님 여러분께서는 본인의 휴대물품을 소지하고 지정된 자리에서 기다려 주시기 바랍니다.
모든 준비가 끝난 후에 계속해서 이 비행기로 제다까지 모시겠습니다. 이 비행기의 출발시간은 00시 00분이며, 자세한 사항은 다시 알려 드리겠습니다./
감사합니다.

Ladies and gentlemen./
Passensers whose destination is Riyadh/ should take your baggage with you/ and hold your boarding pass/ when you leave the airplane./
And to passengers/ whose destination is Jeddah, /ground staff will distribute/ and collect transit card./
After arrival,/cleaning and security check will be conducted,/
so please remain seated in your assigned seat/ with your personal belongings./
After completion of all the procedure,/
we will continue to our destination to Jeddah./
Our scheduled departure time to Jeddah is/ 00 am,pm./
Thank you./

16 Approaching(approaching 사인 울린 후 실시 – 착륙 20분 전) 실습 참고사항

- 항공기 고도가 약 2만피트 통과 시 해당 사인이 나오므로 착륙 20분 전이라고 보면 틀림없다. 지금부터는 본격적인 착륙준비에 들어가므로 철저한 점검이 필요하다.
- 모든 승객의 벨트착용상태 및 유동성 물체의 고정, 갤리정돈이 요구된다.

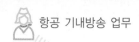
● "안내방송 시 표준어 구사 기술, 적절한 음량, 정확성 유지가 요구된다."

손님 여러분, 우리 비행기는 약 __분 후에 OOO(공항명)에 도착하겠습니다.
꺼내놓은 짐들은 앞 좌석 아래나 선반 속에 다시 보관해 주시기 바랍니다.

Ladies and gentlemen,/
We are approaching __airport./
At this time,/ we ask you to please store your carry on items in the overhead bins/ or under the seat in front of you./
Thank you for your cooperation./

17 Landing(landing 사인 울린 후 방송실시 – 착륙 5분 전)

실습 참고사항

● 바야흐로 착륙 직전 단계이다. 매우 중요한 단계이므로 객실 승무원도 점프시트에 착석하여 착륙에 대비한다.

● 객실점검은 끝난 상태이므로 갤리나 주변에서 서성이지 말고 즉시 착륙준비에 임하도록 한다.

● 착륙 전 매번 실시하는 "30 Seconds review"를 실시한다.

● "안내방송 시 표준어 구사 기술, 적절한 음량, 정확성 유지가 요구된다."

손님 여러분, 우리 비행기는 곧 착륙하겠습니다.
좌석 등받이와 발 받침대 테이블을 제자리로 해주시고, 좌석벨트를 매 주십시오.
또한 비행기가 완전히 멈춘 후 좌석벨트 표시등이 꺼질때까지 전자기기의 전원을 꺼주시기 바랍니다.
감사합니다.

Ladies and gentlemen./
We will be landing shortly./
Please fasten your seatbelt./ return your seat and tray table/ to the upright position./
Also please discontinue the use of electronic devices/ until the captain has turned off the seatbelt sign./
Thank you./

 18 착륙 후 farewell[엔진 역회전 종료 후 활주로를 벗어난 경우 실시]

실습 참고사항

- 해당 방송은 비행기가 착륙 후 활주로를 벗어날 때 실시해야 한다. 왜냐하면 착륙 후 항공기는 속도를 줄이기 위해 엔진을 역회전하기 때문에 많은 소음이 발생하여 승객이 제대로 청취할 수가 없기 때문이다.

- 방송담당 승무원은 매번 실시하는 방송이지만 승객은 오랜 비행 끝에 목적지에 착륙하여 설레이는 마음을 가지고 방송을 듣는다. 따라서 아쉬운 감정과 자사 항공기를 이용한 승객에 대한 감사의 마음을 가지고 방송하는 것이 중요하다.

● "안내방송 시 표준어 구사 기술, 적절한 음량, 정확성 유지가 요구된다."

손님 여러분,

우리 비행기는 __(공항명)에 도착했습니다.(도시특성 문안이 있는 공항인 경우 ___000에 오신 것을 환영합니다. (지연된 경우 : 000관계로 도착이 예정보다 늦어졌습니다.)

지금 이곳은 __월 __일 오전(/오후) __시 __분입니다.

여러분의 안전을 위해, 비행기가 완전히 멈춘 후 좌석벨트 표시등이 꺼질 때까지 자리에서 기다려 주십시오.

선반을 여실 때는 안에 있는 물건이 떨어질 수 있으니 조심해 주시고, 내리실 때는 잊으신 물건이 없는지 다시 한 번 확인해 주시기 바랍니다.

오늘도 저희 000항공을 이용해 주셔서 대단히 감사합니다.

저희 승무원들은, 앞으로도 손님 여러분께서 안전하고 편안하게 여행하실 수 있도록 최선을 다하겠습니다.

감사합니다. 안녕히 가십시오.

Ladies and gentlemen,/

We have landed at 000(공항명) internation airport./

(지연된 경우 : Today we were delayed due to ___)

The local time is now (___:___)a.m/p.m.(month)(date)./

For your safety,/ please remain seated/ until the captain has turned off the seatbelt sign./

Also/ please be careful when opening the overhead bins/ as the contents may fall out./

Please remember / to take all of your belongings with you/ when you leave the airplane./

Thank you for choosing 0000 air/ and we hopeto see you again soon/ on your next flight./

비정상 상황 방송하기

1. 지연 및 대기

2. 타막지연(Tarmac delay)이란?

3. 교체, 운항취소, 착륙 전 긴급상승 및 회항

4. 고객불편(온도, 설비 고장, 화장실 고장, 입국서류 부족,
   Hard landing 양해)

Chapter

08

비정상 상황
방송하기

수행 준거

8.1 객실서비스 규정에 따라 비정상적 상황 방송에 필요한 기본정보를 파악할 수 있다.

8.2 객실서비스 규정에 따라 지연 및 대기 안내방송을 할 수 있다.

8.3 객실서비스 규정에 따라 변경 및 교체, 고객 불편 안내 방송을 할 수 있다.

8.4 객실서비스 규정에 따라 Turbulence 방송을 할 수 있다.

[출처] : NCS 홈페이지 – 항공객실서비스

01 지연 및 대기

승객을 태운 항공기는 정상적으로 출발·이륙하는 것이 바람직하나 공항사정, 기상변화, 승객미탑승, 화물탑재지연, 서류부족, 기내식 탑재지연 등 여러 가지 사유로 지연되곤 한다. 이러한 경우를 비정상 상황이라고 지칭하며, 적절한 시점에 안내방송을 통해 탑승한 승객의 궁금증을 풀어주고 양해를 구하는 것이 항공사의 정책이다. 모든 비정상 상황 시 항공기의 출발지연이나 이륙지연 안내방송은 기장의 책임 하에 객실 사무장(캐빈 매니저)이 실시하는 것을 원칙으로 하며, 부득이한 경우 객실 사무장(캐빈 매니저)이 위임한 방송담당 승무원이 실시한다. 객실 사무장(캐빈 매니저)은 방송 실시 전 기장으로부터 지연에 관련된 이유, 지연 예상시간을 전달받고 기내방송 실시 여부를 협의한 후 실시한다.

국내의 모든 항공사의 경우 승객의 알권리를 위해 일반적으로 항공기 출발지연 안내방송은 출발시간 5분 경과 후에 처음 실시하며, 매 15분 경과 시마다 추가방송을 실시한다.

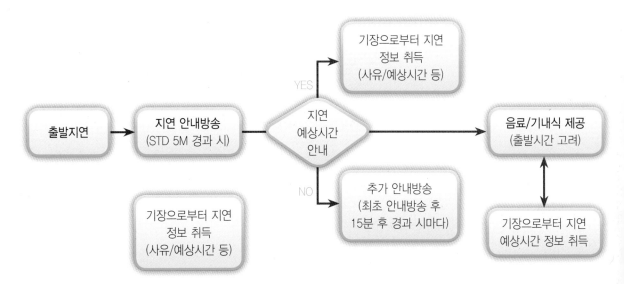

또한 대한항공, 아시아나항공의 경우 미국 공항에 도착한 후 Tarmac 지연 발생[주] 시에는 출발시간 기준으로 매 30분마다 승객에게 지연 사유 및 예상시간에 대하여 방송으로 안내하여야 한다. Tarmac 지연 발생 시 제대로된 기내방송과 조치가 취해지지 않을 시 미국 공항안전당국으로부터 고액의 배상금을 지불해야 한다.

이제 "지연 및 대기", "교체, 운항취소, 착륙 전 긴급상승 및 회항" 그리고 "고객불편" 사항 등 사안별로 나누어 기내방송문을 알아보고 적재적소에 사용하기 위해 연습하기로 한다.

(1) 항공기 출발지연 실습 참고사항

- "객실에서 가장 빈번히 실시하는 안내방송 중 하나이며, 승객탑승 후 기상, 정비, 운송, 관제 등의 사유로 인해 출발절차인 항

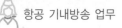
공기 PUSH-BACK을 하지 못할 경우에 실시한다."

- "정해진 시간에 맞추어 정확한 발음으로 방송한다."
- "시간이 30분 이상 지연될 경우 음료수 제공 가능"
- "안내방송 시 표준어 구사 기술, 친절한 태도, 정확성 유지, 꼼꼼한 태도가 요구된다."

손님 여러분, 우리 비행기는 출발 준비가 끝났습니다만,
이곳 00공항의 (폭우, 폭설, 안개 등)로 인해 출발이 늦어지고 있습니다.
약 __분 후에 출발하겠습니다.
이점 양해해 주시기 바랍니다.

Ladies and gentlemen./
Our departure is delayed/ due to heavy rain at this 00 airport./
We expect to depart in about 15 minutes./
We ask for your patience./ Thank you./

---

(2) 항공기 이륙지연 실습 참고사항

- "게이트에서 PUSH BACK한 항공기가 이륙을 위한 활주로 진입 직전 지연될 경우에 실시한다."
- "정해진 시간에 맞추어 정확한 발음으로 방송한다."
- "아무리 대기시간이 지연되더라도 관제탑의 지시에 따라 언제든 이륙할 준비가 되어 있어야 하므로 음료수 제공 불가, 화장실 사용 불가"
- "안내방송 시 표준어 구사 기술, 친절한 태도, 정확성 유지, 꼼꼼한 태도가 요구된다."

손님여러분께 안내 말씀 드리겠습니다.
지금 우리 비행기는 이곳 000공항의 폭설로 인해 이륙이 늦어지고 있습니다.
우리 비행기의 이륙순서는 5번째로 약 15분 후에 이륙하겠습니다.
이 점 양해해 주시기 바랍니다.

Ladies and gentlemen./
Our take off is delayed/ due to heavy snow at this airport./
We are number 5 in sequence for take off/
and we expect to take off/ in about 15 minutes./
Thank you./

(3) 항공기 이륙 추가지연 실습 참고사항

- "활주로 진입 직전 출발지 및 목적지 기상상태가 좋지 않아 계속 지연되는 경우 실시한다."
- "기장이 방송하는 것을 원칙으로 하나 항공기 운항 상 방송하지 못할 경우 기장에게 대기시간을 물어보고 정확한 발음으로 방송한다."
- "아무리 대기시간이 지연되더라도 관제탑의 지시에 따라 언제든 이륙할 준비가 되어 있어야 하므로 음료수 제공 불가, 기내식 제공 불가, 화장실 사용 불가" 사항을 준수해야 한다.
- "안내방송 시 표준어 구사 기술, 친절한 태도, 정확성 유지, 꼼꼼한 태도가 요구된다."

안내 말씀 드리겠습니다.
지금 우리 비행기는 이곳 000공항의 기상상태가 아직 좋아지지 않아
이륙이 계속해서 지연되고 있습니다.
허가를 받는 대로 곧 이륙하겠습니다.

이 점 양해해 주시기 바랍니다.

Ladies and gentlemen./
Our take off is delayed/ due to heavy snow at this airport./
We are number 5 in sequence for take off/
and we expect to take off/ in about 15 minutes./
Thank you./

(4) 출발 후^(택싱 중, Taxing) 게이트로 되돌아 가는 경우^(게이트 회항) 실습 참고사항

- "항공기가 이륙하기 위해 활주로 방면으로 진행 하다가 승객하기, 정비, 조종실 문제, 보안사항 등의 피치 못할 문제가 생겨 승객이 탑승한 Gate로 다시 돌아가는 경우에 실시한다."
- "게이트 회항 사유를 정확한 발음으로 방송해야 하며, 승객의 동요를 막기 위해 침착한 목소리를 유지한다."
- "음료수 제공 불가, 화장실 사용 불가"
- "안내방송 시 표준어 구사 기술, 친절한 태도, 정확성 유지, 꼼꼼한 태도가 요구된다."

손님 여러분. 우리 비행기는 일부 승객을 내려드리기 위해
주기장으로 되돌아가겠습니다.
자세한 사항은 주기장에 도착 한 후 다시 알려 드리겠습니다.

Ladies and gentlemen./
We need to return to the parking area/ because a passenger/ who require emergency medical assistance./
Further information will be given shortly/ after arrival at gate./
Thank you./

(5) 이륙중지 실습 참고사항

- "RTO, 즉 Reject to take off^{이륙포기}를 의미하며, 비행기가 이륙하기 위해 활주로를 질주하다가 정비, 관제탑 지시, 조종사 판단으로 갑자기 활주로 위에 멈춘 경우를 말한다."
- "상당히 중요한 순간으로, 비상탈출로도 이어질 수 있으므로 방송담당 및 전 승무원은 마음속으로 탈출에 대한 준비를 해야 하고, 기장의 추가정보 및 지시를 기다린다."
- "승객의 동요를 막기 위해 적절한 속도, 신속한 방송이 필수"
- "승객이 보는 앞에서 지나치게 놀란 모습은 프로로서 올바른 행동이 아니며 침착하게 행동한다."
- "안내방송 시 표준어 구사 기술, 정확성 유지, 꼼꼼한 태도가 요구된다."

손님 여러분.
우리 비행기는 방금 관제탑의 지시로
이륙을 중지하였습니다.
자세한 사항은 다시 알려 드리겠습니다.
이 점 양해해 주시기 바랍니다.

Ladies and gentlemen./
We were unable to take off/ due to instructions from ATC./
Further information will be given shortly./
Thank you for your kind understanding.

(6) 항공기 이륙 후 지연운항에 관한 객실 사무장^(캐빈 매니저) 사과방송
실습 참고사항

- "이륙 직후 조종사가 Landing gear를 접은 후 실시하는 것이 바람직하다."
- "정중한 태도로 진심어린 사과의 마음"을 전하는 것이 필요하다.

● "본 방송은 객실 사무장(캐빈 매니저)가 하는 것이 원칙이나 불가피한 경우 방송담당 승무원에게 위임할 수 있다. 이러한 과정에서 성의 없이 방송되지 않도록 사전 당부가 필요하다.

● "안내방송 시 표준어 구사 기술, 친절한 태도, 정확성 유지, 꼼꼼한 태도가 요구된다."

손님 여러분, 저는 여러분을 모시고 OOO까지 가는 사무장(캐빈 매니저)입니다.
오늘 OOO 사유로 출발과 이륙이 동시에 지연된 점, 널리 양해해 주시기 바랍니다.
저희 비행기의 최종 목적지인 OOO공항에는 정시보다 OO분 늦은 OO시 OO분에 도착할 예정입니다.
저희 승무원들은 비행 중 손님 여러분께서 안전하고 편안하게 여행하실 수 있도록 최선을 다하겠습니다.
감사합니다.

Ladies and gentlemen,/
This is your purser(cabin manager) speaking./
We appreciate your patience and understanding./
We will be landing at OOOairport/ at OOam/pm/
If you need any assistance,/ please inform our cabin crew./
Thank you./

 타막지연(Tarmac delay)이란?

(1) 타막지연의 정의

항공기는 정해진 시각에 뜨고 내리는 것이 상식이지만, 때로는 그렇지 못할 때가 있다. 특히 외부환경으로 인해 항공기가 지연되기도 한다.

대표적인 것이 기상에 의한 것인데, 눈이 오는 경우 특히 항공기가 지연되는 경우가 많다. 때로는 항공기에 승객을 태우고 이륙하려다가 눈, 혹은 안개 등 날씨때문에 활주로에 묶여 이륙하지 못하고 공항에 그냥 체류하며 지연되는 경우가 있다. 타막 딜레이란 활주로, 포장도로 위에서 지연된다 해서 붙혀진 표현인데, 항공업계에서는 항공기에 승객을 태우고 일정 시간 이상 지연되는 경우를 말한다. 이를 소위 타막 딜레이(Tarmac Delay, 이륙지연)라고 한다.

이 타막 딜레이가 본격적으로 논의되기 시작한 것은 2009년 회항한 항공기에서 승객이 하기하지 못한 채 밤을 지샌 사건을 통해서였다. 물론 그 이전에도 항공기에 승객을 태운 채 지연되는 경우가 종종 있었지만, 이 사건을 통해 본격적으로 문제점이 드러나기 시작했고, 해당 사건을 발생시킨 항공사에 일정 벌금을 부과하기도 했다.

2010년 4월, 미국 정부는 타막 딜레이, 비록 항공사 귀책으로 지연되는 경우가 아니라 할지라도, 승객을 일정 시간 항공기에 태우고 지연되는 것을 금지하기 시작했다. 미국 국내선의 경우에는 승객을 태우고 3시간 이상 지연시키지 못하도록 하고 있으며, 국제선은 4시간을 그 한계시간으로 정하고 있다. 그 한계시간 이상 지연될 것으로 예상되는 경우, 항공사는 터미널로 되돌아와 승객을 하기시키고 음식과 음료를 제공해야 하며, 이를 어길 시에는 승객 1명당 최고 27,500달러 벌금을 부과할 수 있게 되었다.

이 규정이 시행된 이후, 미국 정부는 타막 딜레이를 발생시킨 아메리칸 이글 항공(American Eagle Airlines)에 벌금을 부과했으며, 아메리칸 이글항공은 그 벌금을 납부키로 함으로써 사상 최초로 타막 딜레이로 인해 벌금을 납부한 항공사로 기록되게 되었다.

Tarmac Delay Rule 개요

가. 정의

미국지역(괌 포함) 출·도착 전 항공편이 Ramp-out 또는 Taxi-in 과정에서 Delay 발생 시 4시간 내 승객 하기 기회 제공, 2시간 내 Snack 및 물 포함 음료수를 제공해야 함(위반 시 승객 1명당 최고 USD 27,500$까지 과징금 부과)

나. 기내방송 변경 사항

'Tarmac Delay Rule 전시대응지침 4-사'항 中

Gate 또는 다른 하기장소에서 항공기의 Door가 열려 있고, 승객 하기가 가능한 상태에서, 지점에서 승객 안내가 불가한 경우, STD(탑승 전 고지된 변경 출발시간 포함) 이후 30분부터 매 30분마다 승객에게 하기 가능함을 안내한다.

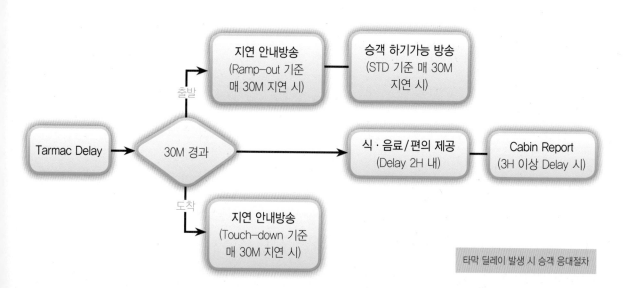

타막 딜레이 발생 시 승객 응대절차

(2) 타막지연 시 안내방송^(Ramp out 후)

안내 말씀 드리겠습니다.
지금 우리 비행기는 이곳 OOO공항의 기상상태가 아직 좋아지지 않아
이륙이 계속해서 지연되고 있습니다.
허가를 받는 대로 곧 이륙하겠습니다.
이 점 양해해 주시기 바랍니다.

Ladies and gentlemen./
Our take off is delayed/ because the weather conditions
has not improved at this airport./
we expect to take off/ as soon as we receive ATC(주) clearance./
Thank you for your understanding./
주) ATC : Air Traffic Controle

(3) 타막지연 시 안내방송^(Touch down 후 지연)

손님 여러분께 안내 말씀 드리겠습니다.
지금 우리 비행기는 이곳 OOO공항의 폭설로 인해 착륙 후 게이트 진입이 늦어지고 있습니다.
우리 비행기의 게이트 진입 순서는 5번째로 약 15분 후에 진입하겠습니다.
이 점 양해해 주시기 바랍니다.

Ladies and gentlemen./
Our gate arrival is delayed/ due to heavy snow at this airport./
We are number 5 in sequence for gate arrival/
and we expect to gate arrival/ in about 15 minutes./
Thank you./

(4) 타막지연 시 안내방송^(하기 원하는 승객 안내방송)

계속해서 안내 말씀 드리겠습니다.
항공기 탑승 손님 여러분 중 원하시는 분께서는 이곳 (   )공항에서 내리실 수 있으며,
내리실 때는 모든 짐을 전부 갖고 내려 주시기 바랍니다.

자세한 사항은 내리신 후 저희 공항직원의 안내를 받으시기 바랍니다.
감사합니다.

Ladies and gentlemen,/
We would like to inform you /that you might deplane here at (___) airport./
Those Passengers /who wish to deplane /can leave the aircraft /with all of your
baggage./
For further information,/please contact ground staff at this airport. /
Thank you./

03 교체, 운항취소, 착륙 전 긴급상승 및 회항

항공기의 교체, 운항취소, 착륙 전 긴급상승 그리고 회항 상황이 발생할 경우
사안의 중요성을 감안하여 기장이 방송하는 것을 원칙으로 하나 비행 전, 중,
후 상황 발생 시 조종실이 매우 바쁜점을 감안하여(예전에는 항공기관사가 있어서 업무를 분
담하였으나 현재는 기장, 부기장의 2인만 조종실에 근무하기 때문에 상기의 상황 발생 시 매우 바쁘게 돌아가고 있다.)
객실 사무장(캐빈 매니저)은 기장으로부터 정확한 용어를 전달받아 안내방송을 실
시할 수 있다. 현재 모든 항공사에서 기장으로 부터 위임받아 1차 방송은 객실
사무장(캐빈 매니저)이 실시하고 있다. 만일 적절한 방송문이 없을 경우에는 객실
사무장(캐빈 매니저) 및 방송담당 승무원이 기존의 방송문을 활용하여 한국어, 영어
문장을 만든 후 방송할 수 있으며, 이때 너무 장황하지 않도록 하고 청취하는
승객에 대한 예의를 준수해야 하며, 문장 전체를 불편하게 만드는 문구는 피하
도록 한다. 방송문을 기내에서 직접 만들어서 사용할 경우 언어는 한국어, 영어
만 사용해도 무방하다.

(1) 항공기 교체 실습 참고사항

● "항공기 출발 시 주로 정비문제 때문에 발생되며, 많은 승객에게 불편을
끼치는 상황이고 적절한 조치가 취해지지 않으면 많은 고객불만이 발생하

기 때문에 방송 시 너무 강압적이지 않고 예의에 어긋나지 않도록 실시해야 하며 정확한 고지를 위해 2회 정도 반복하여 방송한다."

- "항공기 교체 시 화물칸에 탑재된 모든 짐과 기내에 기 탑재한 기내식 및 수많은 서비스품목을 교체하는 항공기에 옮겨야 하기 때문에 항공사 측에서 많은 수고와 노력이 필요하게 되어 항공사에서도 피치못할 사정이 있을 때 실시하곤 한다."

- "승객의 입장에서 보면 많은 시간 지연과 항공기를 갈아타야 하는 등의 불편함이 뒤따르므로 비행 내내 객실 승무원에게 불만을 토로할 수 있다."

- "객실 승무원은 항공사 입장에서 정중한 태도로 진심어린 사과의 마음을 전하는 것이 필요"

- "안내방송 시 표준어 구사 기술, 친절한 태도, 정확성 유지, 꼼꼼한 태도가 요구된다."

안내 말씀 드리겠습니다.
항공기 정비점검 결과, 손님 여러분을 다른 항공기로 모시게 되었습니다.
지금부터 모든 짐을 갖고 내려 주시기 바랍니다.
항공기에서 내리신 후에는 저희 지상직원의 안내를 받으시기 바랍니다.
자세한 사항은 지상직원을 통해 다시 알려드리겠습니다.
손님 여러분의 많은 양해와 협조 부탁드립니다.

Ladies and gentlemen./
Our mechanics have informed us/ that they require more time to check the aircraft./
In an effort to minimize your delay,/ we will transfer to another aircarft./
All passengers are required to exit the aircraft at this time./
Please take all of your belongings with you/ and follow the instructions of our ground staff./
If you need any assistance,/ please inform our cabin crew./
Thank you for your kind understanding./

(2) 운항취소 실습 참고사항

- "항공사에서 모든 승객이 탑승한 비행기를 갑자기 운항취소 시키는 것은 매우 어려운 일이다. 하지만 정비, 기상, 테러 등 상당히 불가피한 상황이 발생 시 항공사는 해당 항공기의 운항을 취소할 수 있으며, 이러한 경우에 모든 승객의 숙식을 제공하게 된다."

- "객실 방송담당 승무원은 해당 방송을 실시하기 전 객실 사무장(캐빈 매니저)으로 부터 사유에 대한 충분한 정보를 얻어야 하며, 모든 승무원도 역시 승객안내에 대한 만반의 준비를 갖춘 후 방송을 실시하여야 한다."

- "호텔까지의 이동 역시 객실 승무원이 참여할 경우를 대비하여 승객이 보는 앞에서 웃거나 장난치지 않는 등 승객의 입장에서 조심스럽게 행동해야 한다."

- "운항취소 방송이 실시되면 전 승무원은 담당구역으로 나가서 승객의 하기안내를 도와야 한다."

- "안내방송 시 친절한 태도, 정확성 유지, 꼼꼼한 태도가 요구된다."

안내 말씀 드리겠습니다.
000공항의 기상상태가 매우 좋지 않아
부득이하게 오늘 우리 비행기의 운항이 취소되었습니다.
손님 여러분께서는 지금부터 모든 짐을 갖고 내려 주시고,
내리신 후에는 저희 지상직원이 호텔에 대한 안내를 드리겠습니다.

Ladies and gentlemen./
We will not be able to operate our flight/ because the weather conditions has not improved at 000 airport./
All passengers are required to exit the aircarft/ at this time./
Please take all of your belongings with you/ and follow the instructions of our ground staff./
If you need assistance,/ please inform to our cabin crew./
Thank you for your kind understanding./

(3) 착륙 전 긴급상승 `실습 참고사항`

- "목적지 공항에 착륙 중인 비행기가 해당 공항의 활주로에 비행기가 아직 남아 있거나, 활주로 폐쇄 등 긴급한 사정에 의해 다시 상승하는 경우를 말하며 탑승승객이 매우 놀란 상태이기 때문에 신속한 안내방송을 실시하여야 한다."

- "긴급상승 사유는 조종실이 매우 바쁜 상태이기 때문에 객실 사무장^(캐빈 매니저)이 일단 1차 안내방송 후, 기장의 2차 안내방송을 통해 고지해야 한다."

- "승객이 보는 앞에서 지나치게 놀란 모습은 프로로서 올바른 행동이 아니므로 침착하게 행동 한다."

- "안내방송 시 표준어 구사 기술, 친절한 태도, 정확성 유지, 꼼꼼한 태도가 요구 된다."

손님 여러분.
지금 우리 비행기는 안전하게 착륙하기 위해 상승하고 있습니다.
자세한 사항은 잠시 후 다시 알려 드리겠습니다.
감사합니다.

Ladies and gentlemen./
The captain has initiated a go around,/ which is a normal procedure/
when landing conditions are not suitable./
We will provide further information shortly./
Thank you./

---

(4) 회항^(Divert) `실습 참고사항`

- "회항이란 비행 중 응급환자 발생, 항공기 정비 이상, 활주로 폐쇄 등의 이유로 목적지 공항 대신 가까운 공항에 임시 착륙하는 상태를 말한다."

- "많은 승객의 이해를 구하기 위해서 기내 안내방송은 정중한 목소리, 적절한 속도로 2회 정도 반복하여 방송해야 한다"

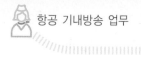

● "승객 역시 상황을 어느 정도 인지하였기 때문에 회항 안내방송 시 모든 승무원은 객실로 나가서 담당구역의 승객에게 회항의 불가피성에 대해 설명 하여야 한다."

● "안내방송 시 표준어 구사 기술, 친절한 태도, 정확성 유지, 꼼꼼한 태도가 요구된다."

안내 말씀 드리겠습니다.
우리 비행기는 지금 기내에 응급환자(긴급 정비사항, 활주로 폐쇄)가 발생하여 OOO공항에 임시착륙 하겠습니다.
OOO공항에는 앞으로 OO시간 OO분 후에 착륙할 예정입니다.
자세한 사항은 다시 알려 드리겠습니다.

Ladies and gentlemen./
Our captain has informed us/ that we will be landing at OOO airport./
Due to a passenger/ who needs emergency medical care./
We will be landing at OOO airport/ in about OO minutes./
Further information will be given to you/ as soon as it becomes available./

---

 04 고객불편(온도, 설비고장, 화장실 고장, 입국서류 부족, Hard landing 양해)

고객불편 안내방송은 기내 온도, 오락시스템의 미작동, 화장실 고장, 입국서류 부족, 기름냄새 발생 시 객실 사무장(캐빈 매니저)이 실시하는 것을 원칙으로 한다. 다만 이러한 경우에 항공기 전체에서 고객불편이 발생하는 경우가 아니고 구역별로 작동되지 않는 경우가 많으므로 대부분 승객의 동요를 막기 위해 불편구역을 정확히 파악한 후 해당구역만 방송할 수 있도록 해야 한다.

광동체(Wide body) 항공기는 구역별로 방송할 수 있는 시스템을 갖추고 있다.

(1) 객실 온도 실습 참고사항

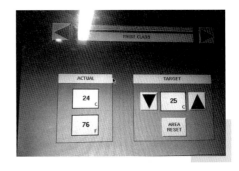

- "주로 여름과 겨울의 혹서, 혹한기에 많이 발생하며, 외부에 오랫동안 주기 중인 비행기에 승객이 탑승할 경우 주변온도의 영향을 받아 항공기 객실의 온도가 매우 높거나 낮을 수 있다."

- "물론 지상에서 APU, GPU⁽주⁾를 작동시켜 에어컨과 히터를 가동할 수는 있지만, 승객의 탑승관계로 항공기 문이 열려있어 적지 않은 냉난방의 손실이 있을 수 있으므로 적절한 기내 온도 유지가 힘들 수 있다."

- "이러한 경우 항공기 엔진 시동을 걸면 객실 내에서 온도를 조절할 수 있어 자연히 해소되나, 시동 걸기 전까지 적지 않은 시간이 소요되므로 안내방송을 실시해야 한다."

- "안내방송 시 성실한 태도, 정확성 유지, 꼼꼼한 태도가 요구된다."

 참고

APU(Aqxiliary Power Unit) : 항공기 꼬리날개에 있는 보조 동력장치이며, 일종의 보조 엔진이라고 보면된다. 항공기 지상주기 시 에어컨, 조명등의 전원을 공급하는 장치이며, 항공기 엔진의 시동을 걸 때도 사용된다.

GPU(Ground Power Unit) : 항공기가 지상에 주기해 있을 때 APU 대신 전원을 공급하기 위해 설치된 보조 동력장치이다. 차량처럼 되어 있어 이동이 가능한 장비이다.

안내 말씀 드리겠습니다.
지금 기내가 덥습니다.
이륙을 하면 곧 시원(따뜻)해질 예정이오니 잠시만 기다려 주시기
바랍니다.

Ladies and gentlemen./
We will be able to adjust the cabin temperature of this aircarft/ after engine start./
Thank you./

---

(2) 설비 고장 실습 참고사항

- "비행 중 기내에서 종종 발생하는 고장형태 이다.

- "단거리 비행인 경우 특별한 사항이 없으나, 장거리 비행인 경우 고장난 구역에 착석해 있는 승객의 불만을 피하기 어려운 상황이 발생 한다."

- "이러한 경우
  1) 승객에게 정중히 사과하고,
  2) 독서물, 신문을 권해 드리며,
  3) 좌석의 여유가 있을 경우 정상 작동하는 좌석으로의 재배치가 필요하다."
- "고장난 구역을 담당하고 있는 객실 승무원은 해당 승객이 불편하지 않도록 꾸준한 Personal touch와 뜨거운 음료, 시원한 음료를 수시로 제공해야 한다."
- "안내방송 시 친절한 태도, 정확성 유지, 꼼꼼한 태도가 요구된다."

안내 말씀 드리겠습니다.
기내 오락장치의 고장으로 더 이상 기내 영상물을 시청하실 수 없게 되었습니다.
손님 여러분께서는 이 점 널리 양해해 주시기 바랍니다.

Ladies and gentlemen./
The in flight entertainment systems,/ are not functioning properly at this time./
We regret this inconvenience/ that you have experience now./
Thank you for your understanding./

(3) 화장실 고장 `실습 참고사항`

- "현재 모든 비행기는 비행 중 외부와의 압력차이를 이용하여 화장실 오물을 빨아들여 비행기에 장착되어 있는 오물수거 탱크에 모아서 착륙 후 별도로 수거하는 방식을 갖추고 있다. 따라서 지상의 수세식 화장실과 달리 모든 물건을 구분없이 전부 빨아들일 수 있으나, 광동체(Wide body) 비행기인 경우 약 15개의 화장실이 설치되어 있고 각 화장실 마다 오물탱크까지 파이프를 통해 연결되는 구조로 되어 있어 압력밸브에 이상이 있거나 오물탱크가 가득차면 일부 화장실 기능이 상실되곤 한다."
- 저자의 비행근무 시 일반석이 만석인 상태에서 이러한 경우를 조우하여

많이 당황한 적이 있다. 화장실이 고장나면 상당히 어려운 상황에 처하게 되므로 적절한 방송을 통해 승객에게 양해를 구하고 다른 화장실을 이용하실 수 있도록 안내해야 한다.

- "이러한 경우 객실 승무원은 해당 화장실을 폐쇄[주]하고 착륙 후 객실 정비사에게 고지하여 수리하도록 해야 한다."
- "안내방송 시 친절한 태도, 정확성 유지, 꼼꼼한 태도가 요구된다."

레버를 오른쪽으로 밀면 잠기고, 왼쪽으로 밀면 열린다.
왼편 그림은 잠긴상태이다.

[주] 화장실 폐쇄절차

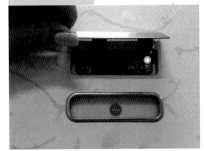

안내 말씀 드리겠습니다.
지금 우리 비행기의 일부 화장실이 고장으로 사용하실 수 없게 되었습니다.
화장실을 이용하시는 손님께서는 다른 화장실을 사용해 주시기 바랍니다.

Ladies and gentlemen./
We would like to inform you/ that lavatory located in the front(rear) of the cabin is/ now out of service./
Passengers are sitting in the front(rear) cabin,/ please use another lavatory./
Thank you for your understanding./

(4) 기내 입국서류 부족 실습 참고사항

- "저자도 32년 비행생활 중 몇 번 경험이 있을 정도로 비교적 발생빈도가 높은 고객 불편사항이다.

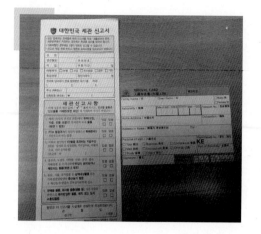

● "국제선의 경우 객실 승무원이 항공기에 탑승하기 위해 Gate에 도착하면, Gate 담당 지상직원으로부터 비행 중 승객에게 배포할 목적지 국가의 입국서류를 인수하게 된다. 사실 이러한 과정이 매우 촉박한 시간으로 연결되기 때문에 지상직원과 승무원이 자칫 실수하면 충분히 발생할 수 있는 사안이며, 고객불만으로 이어져 본의 아니게 속해있는 항공사의 처벌까지 받을 수 있는 경우도 발생하곤 한다."

● "객실 승무원은 비행 전 입국서류 인수 시 목적지 국가의 입국서류가 맞는지, 그리고 철저한 매수확인이 꼭 필요하며, 비행 중 입국서류가 부족하면 즉시 조종실에 연락하여 도착 후 지상직원에게 필요 매수를 받아 기내에서 나누어 줄 것을 적극 권장한다."

● "안내방송 시 친절한 태도, 정확성 유지, 꼼꼼한 태도가 요구된다."

손님 여러분,
지금 비행기에 목적지 공항의 입국카드가 부족합니다.
OOO공항에 도착하면 바로 준비해 드리겠습니다.
손님 여러분의 양해를 바랍니다.

Ladies and gentlemen./
Dut to an insufficient supply of OOO(국가이름)Entry card on board./
our ground staff will service them/ after arrival at OOO airport./
We thank you for your understanding./

(5) Hard landing(Firm landing) 양해 실습 참고사항

● "국내선, 국제선 비행 가릴 것 없이 착륙 시 발생할 수 있는 사안이며, 특히 공항 활주로가 짧은 공항일 경우와 활주로 상 기상이 좋지 않을 경우 자주 일어나는 불편 사항이다. 승객이 느끼는 Hard landing(Firm landing)이란

몸이 들썩거리는 상황에서부터 거친 착륙과 동시에 Overhead bin이 열리며 산소마스크까지 떨어지는 상황을 의미한다."

- 승객이 언급하는 Hard landing이란 대부분 Firm landing을 말한다.

- "이러한 Hard landing(Firm landing)을 하게 되는 주 요인은 활주로의 길이와 항공기 착륙 중 위험한 측풍과 돌풍이 발생할 때이며, 조종사가 항공기의 활주로 이탈방지를 하려고 신속히 동체를 지면에 안착시키기 위해 조종간을 조작할 때 발생한다."

- "안내방송 시 성실한 태도, 정확성 유지, 꼼꼼한 태도가 요구된다."

- "아래의 ㈜에서 펌 랜딩(Firm landing)과 소프트 랜딩(Soft landing)에 대해 알아 보기로 하자."

1 소프트 랜딩
분당 100피트(30.5m) 정도의 내려 앉는 속도(강화율)로 착륙

2 펌 랜딩
분당 200~300피트 정도의 내려앉는 속도(강화율)로 착륙

손님 여러분.
갑작스럽게 활주로 기상이 변화하여 우리 비행기의 착륙이 고르지 못했습니다.
승무원의 도움이 필요한 손님이 계시면 저희 승무원에게 말씀해 주시기 바랍니다.

Ladies and gentlemen./
We experienced an unusual hard landing,/ due to sudden weather change on the runway./
If any passengers need assistance,/ please contact one of our cabin crew./
Thank you./

 ㈜ 펌 랜딩(Firm landing)과 소프트 랜딩(Soft landing)

국내선이나 국제선을 이용할 때 비행기가 착륙하는지도 모르게 사뿐히 내려 앉고, 어떤 때는 '쿵' 소리를 내며 둔탁하게 착륙하고…. 승객들은 이를 조종사의 실력차이로 여기기 십상이다. 하지만 실제는 그렇지 않다.

두 가지 착륙 방법 모두 조종 실력과는 아무런 상관이 없다. 활주로의 상태와 기상조건에 따라 조종사가 마음대로 결정하는 것이다. 활주로가 길고, 마른 상태이면서 바람도 잔잔하다면 조종사는 보통 부드러운 착륙방식을 택한다. 공중에서 땅으로 분당 100피트(30.5m) 정도 내려앉는 속도(강하율)로 착륙한다. 항공용어로 소프트 랜딩(Soft Landing)이라고 하는데, 이 경우 승객들은 바퀴가 활주로에 닿는지도 모를 정도로 기체의 동요를 거의 느끼지 못한다. 이에 반해 비행기 뒤쪽에서 바람이 불거나 활주로가 짧거나 젖어있는 경우 조종사는 둔탁한 착륙방식을 많이 사용한다. 전문용어로 펌 랜딩(Firm Landing)을 하는 것이다.

이때 강하율이 보통 분당 200∼300피트인데 비행기는 마치 공중에서 활주로로 떨어지듯이 내려앉게 된다. 당연히 승객들은 몸이 들썩일 정도의 충격을 받는다. '조종사의 착륙기술이 형편없다.'고 오해하기 딱 좋은 상황이 벌어지는 셈이다.

이런 오해를 받으면서도 조종사가 펌 랜딩 방식을 택하는 것은 활주로와 타이어의 마찰을 더 크게 해 활주거리를 줄이기 위해서다.

활주로가 짧은 지방공항에 큰 비행기가 내려앉을 때 거의 펌 랜딩 방식이 이용되는데, 바로 그런 이유 때문이다.

그렇다고 모든 조종사가 두 가지 방법을 교과서처럼 지키는 것은 아니다.

외국인 조종사들은 기상조건이나 활주로 상태에 관계없이 펌 랜딩을 선호하는 경향이 있다.

우리나라 조종사들은 소프트 랜딩을 좋아한다.

그래서인지 한국인 조종사가 조종하는 비행기가 공항에 내릴 때 외국인들이 환호와 박수를 보내는 광경을 종종 목격할 수 있다. 알고 보면 그런 소프트 랜딩의 비결은 조종실력보다는 바로 비행교본에 충실하기 때문인 것이다.

물론 교과서를 제대로 따르는 게 안전운항의 보증서임은 말할 나위도 없다.

(6) 비행기가 번개를 맞을 경우 실습 참고사항

● 국내 비행 중 비행기가 번개를 맞는 경우는 대부분 장마철 운항 시 번개를 맞을 확률이 매우 높다.

● 항공기가 번개를 맞는 경우 "딱"하는 상당히 큰 소리와 노란색 또는 주황색 불빛이 순간적으로 스쳐가므로 창가에 앉아있는 승객은 놀랄 수밖에

없다. 따라서 번개로 파악되면 객실 사무장^(캐빈 매니저)의 즉각적인 기내 안내방송을 통해 승객을 안심시켜야 한다.

- 항공기가 번개를 맞는 시점은 운항 중이 아니라 이륙 직후나, 착륙을 위한 하강 도중이므로 장마철이나 우중에서 비행하는 객실 승무원들은 어느 정도 예측을 하는 것이 도움이 될 수 있다.
- 항공기는 번개를 맞을 경우 즉시 방전시키기 때문에^(새장효과) 매우 안전하다.

손님 여러분,
방금 강한 빛과 소리를 동반한 갑작스런 항공기의 동요는 번개 때문 이었습니다. 기장의 연락에 따르면 우리 비행기에는 번개방전시스템이 완벽히 설비되어 있어 비행안전에는 전혀 문제가 없다고 합니다.
승객 여러분 안심하시기 바랍니다.

Ladies and gentlemen,/
The Sudden turbulence,/ flash and booming sound we just experienced was/ due to lightening./
Captain has informed us /that the aircraft is fully equipped/ to prevent any damage,/ and our aircraft has not been affected in any way./
There is no need for any concern./

비상상황
방송하기

1. 비상착륙(Emergency Landing)과
   비상착수(Emergency ditching)

2. 준비된 비상사태 시 항공기로 부터의 비상탈출
   방송절차

Chapter 09

비상상황 방송하기

수행 준거

9.1 객실서비스 규정에 따라 비상상황 방송에 필요한 정보를 파악할 수 있다.

9.2 객실서비스 규정에 따라 기내 난동승객 발생 안내 방송을 할 수 있다

9.3 객실서비스 규정에 따라 상황별 비상사태 안내방송을 할 수 있다.

[출처] : NCS 홈페이지 – 항공객실서비스

01 비상착륙(Emergency Landing)과 비상착수(Emergency ditching)

항공기가 운항 중 또는 이·착륙 중 뜻하지 않은 비정상 상황과 조우하게 되어 긴급히 육지에 착륙하는 것을 비상착륙(Emergency Landing)이라 하고 육지에 착륙할 수 없는 상황에서 바다나 강, 대형 호수에 착륙하는 것을 비상착수(Emergency ditching)라고 칭한다.

항공기 비상사태 중 비상착륙(수)에는 준비된 비상착륙(수)과 준비되지 않은 비상착륙(수)의 두 가지 종류가 있다.

준비된 비상착륙(수)은 조종실, 객실 승무원, 탑승한 승객이 비상착륙(수)에 대한 준비를 실시할 시간이 있는 경우로, 준비시간이 충분한 경우를 말한다.

비상착륙(수) 전 시간이 있다는 것은 승무원으로 하여금 비상사태에 대비하여 객실을 준비하고 승객에게 비상사태에 대한 안내방송으로 탈출을 위한 안전

브리핑을 할 수 있다는 것을 의미한다.

준비되지 않은 비상착륙⁽ᐢ⁾인 경우 승무원에게 비상사태에 대비할 시간이 전혀 주어지지 않는, 즉 조종실조차도 인지할 수 없는 비상사태의 경우를 말한다. 이러한 형태의 비상사태는 주로 이·착륙 시 제일 많이 발생하고 사전예고가 전혀 없는 경우가 일반적이다. 이러한 두 종류의 비상사태 발생 시 승무원과 승객을 위해 다음과 같은 기본원칙에 의거해 비상사태 대응절차를 수립할 수 있으며, 기내 안내방송도 비상사태의 종류에 따라 차이가 있다.

따라서 비상착륙⁽ᐢ⁾ 시에는 오른쪽과 같은 3대 전제를 먼저 구상하고 비상상황 방송 및 탈출절차에 임하여야 한다.

이제 비상상황에 대해 기본적인 사항을 알아보고, 기내 안내방송을 학습하도록 하자.

> 충격으로부터 생존(Survive from the Impact)
> 항공기로부터 탈출(Escape from the Aircraft)
> 환경으로부터 생존(Survive from the Circumstance)

객실준비 - 준비된 비상탈출

잔여시간에 따른 준비 항목

✈ 충분한 시간이 있을 경우
- 승무원 간 의사소통 및 협의
- 승객 브리핑
- 협조자 선정 및 브리핑
- 객실 / Galley 점검
- 최종 점검

✈ 부족한 시간일 경우
매우부족한 경우
- 승무원간 의사소통 및 협의
- 객실 / Galley 점검
  - 좌석 등받이, 좌석벨트, Tray-table 원위치
- 승객브리핑
  - 구명복 / 비상탈출구 / 충격방지 자세
- 최종 점검

의사소통 및 협의 – 객실준비

기장과 객실 사무장

객실 사무장과 승무원

- 기장과 브리핑한 정보를 객실 승무원에게 전달
- 비상사태 Checklist 준수 지시
- 비상상태 유형 및 준비 가능시간을 고려하여, 객실 준비절차 수립
- 신속한 탈출준비를 위한 승무원 간 상호 협의
- Duty 재확인
- 필요 시, 비상착륙(착수) 안내방송 실시
- 객실조명은 Full Bright, Entertainments System Off

승객 브리핑 – 객실준비

객실 사무장이 단계별 기내 방송 실시

- Catering Item 보관
- 좌석 등받이, Traytable, 개인용 Monitor, Footrest 원위치
- 탈출차림 준비
- 모든 신발을 벗음(착수 시)
- 좌석벨트 착용 확인
- 충격방지 자세 시범 및 연습
- 탈출구 위치 안내
- Safety Information Card 안내

협조자 선정 및 객실 점검 – 객실 준비

탈출구 별로 3명의 협조자 선정

이동 불가 승객을 위한 협조자 선정

객실 점검 및 고정

Galley 내 고정

최종 점검

02 준비된 비상사태 시 항공기로 부터의 비상탈출 방송절차

(1) 비상상황 기내 안내방송 시 원칙사항

● 모든 승객이 이해할 수 있는 적절히 큰소리와 단호한 어조로 실시한다.

● 급한 마음에 너무 속도가 빠르지 않도록 실시한다.

● 한국어와 영어로만 실시한다.

(2) 비상상황 기내 안내방송 시 준수사항

● 객실 사무장(캐빈 매니저)은 준비된 비상사태 시 잔여시간, 탑승객 수, 비상사태의 유형, 항공기의 특성 등을 고려하여 준비된 비상사태 안내방송문에 의해 비상사태를 준비 한다.

● 안내방송과 승객 브리핑 시 모든 객실 조명은 최대밝기로 해야 한다.

● 기내의 객실 및 갤리커튼은 모두 묶고 오락시스템은 끈 후 실시한다.

● 모든 비상사태 안내방송은 "cross check(상호점검)"으로 마감하며, 객실 승무원은 담당 구역의 업무수행 완료를 수신 호로 상대에게 전달한다.

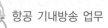

- 비상착수 시 사용하는 방송문은 비상착륙과 차이가 있으므로 별도로 준비한다.
- 비상착륙^(수) 절차에 대해 승객에게 브리핑할 경우, 객실 사무장^(캐빈 매니저)이 기내방송을 실시하고 승무원이 시연^(Demo)한다.

(3) 비상상황 준비 방송문 연습하기

아래의 방송문은 비상사태가 발생한 항공기에서 비상탈출을 하기 위해 기내에서 준비할 시간이 있는 경우 적절한 탈출을 위해 객실 사무장^(캐빈 매니저) 또는 비상사태 방송을 실시할 수 있는 승무원이 실시하는 방송으로, 탑승한 모든 승무원이 승객에게 탈출준비를 시킬 수 있는 방송문이며, 비상사태 안내방송문은 단호하고 큰 목소리로 반복연습하도록 해야 한다.

☑ 비상사태 선포^(Declaration of emergency) 실습 참고사항

- "안내방송 시 표준어 구사 기술, 적절한 음량, 정확성 유지가 요구된다."
- 모든 승객이 이해할 수 있는 적절히 큰소리와 단호한 어조로 실시한다.
- 한국어와 영어로만 실시한다.

"손님 여러분 주목해 주십시오.
기내 긴급사태가 발생 했습니다.
우리 비행기는 약 __분후에 비상착륙(착수) 하겠습니다.
저희 객실 승무원들은 이러한 비상상황에 대비하여 충분한 훈련을 받았습니다.
여러분께서는 침착해 주시고 지금부터 객실 승무원들의 지시에 따라 주십시오."

"Ladies and gentlemen,
we need your attention./
We will have to make a emergency landing/(ditching) in about __minutes./
We are trained to handle this emergency situation./
From now,/ Remain calm/ and follow the instructions of your cabin crew./"

☑ 위해물품 수거(Collection of dangerous goods) 실습 참고사항

- "안내방송 시 표준어 구사 기술, 정확성 유지가 요구된다."
- 모든 승객이 이해할 수 있는 적절히 큰소리와 단호한 어조로 실시한다.
- 한국어와 영어로만 실시한다.

"먼저 저희 객실 승무원들이 여러분의 좌석으로 가게 되면, 수거하기 쉽도록 식사 트레이나 빈 캔, 유리잔 등을 통로 쪽으로 내놓아 주십시오.
좌석 등받이를 바로 세워 주시고 트레이 테이블은 고정해 주시기 바랍니다.
또한 발 받침대와 개인용 비디오를 원래 위치로 해주십시오."

"When cabin crew come to your row,/ pass your food tray/ and all other service items to the aisle for pick up./
At this time ,/ bring seat backs to the upright position/ and stow tray tables./
Stow footrest and inseat video units/"
Crosscheck(상호 점검)!!

"펜이나 장신구같은 날카로운 물건을 모두 치워 주십시오.
침이 박인 신발 및 하이힐은 벗으십시오.
넥타이, 스카프 같은 느슨한 물건들은 풀어 주십시오."

"Remove all sharp objects/ such as pen and jewelry./
Also,/ remove loose objects such as neckties and scarves./
Remove spike heeled shoes./"
Crosscheck(상호 점검)!!

"풀어낸 모든 물건은 소지하신 가방 안에 넣으십시오.
착륙 전 안경은 벗어서 양말이나 상의 옆 주머니 속에 넣으십시오.
좌석 앞 주머니 속에는 아무것도 넣지 마십시오.
소지하신 모든 짐은 좌석 밑 또는 선반 안에 넣으십시오.
저희 객실 승무원들은 통로에서 여러분을 도와 드리겠습니다."

"Put all of these items/ in carry on baggage./
Remove eyeglasses before landing/ and put them in your sock or a side coat pocket./
Do not put anything in the seat pocket in front of you./
Put all carry on items under a seat or in an overhead bin./
Cabin crew will be in the aisle to assist you./"
Crosscheck(상호 점검)!!

☑ **구명복 착용**(Wearing the lifevest) 실습 참고사항

● "안내방송 시 표준어 구사 기술, 적절한 음량, 정확성 유지가 요구된다."

● 모든 승객이 이해할 수 있는 적절히 큰소리와 단호한 어조로 실시한다.

● 한국어와 영어로만 실시한다.

(이번 문항은 비상착수 시만 사용)

좌석 밑이나 옆에 있는 구명복을 꺼내십시오.
양옆의 탭을 잡아당겨 구명복은 주머니에서 꺼내십시오.
머리 위에서부터 입으시고 양팔을 끼운 다음 끈을 아래로 당기십시오. 끈을 몸에 맞도록 조절해 주십시오.
항공기 내에서는 절대 부풀리지 마십시오.
구명복은 양쪽에 있는 고무관을 입으로 불어서 부풀릴 수 있습니다.
아기나 어린이를 동반하신 분은 저희 객실 승무원들이 아이들에게 구명복 입히는 것을 도와드리겠습니다.
도움이 필요하신 분이 계시면 저희 승무원을 불러 주십시오.

Locate the life vest/ under or on the side of your seat/ and remove it./
Remove the vest from the pouch/ by pulling on the tab./
To put the vest on,/ slip it over your head./
Adjust the straps/ around your waist./
Do not inflate the vest/ inside the aircraft./
As you leave the aircraft,/ pull down on the two red tabs to inflate the vest./
The vest can also be inflated/ by blowing into the tubes on either side./
For those traveling with infants or children,/ the cabin crew will assist you in putting vest on the children./
For anyone else needing help,/ cabin crew will assist you./
Crosscheck(상호 점검)!!

☑ 좌석벨트 착용(Use of seatbelt) 실습 참고사항

- "안내방송 시 표준어 구사 기술, 정확성 유지가 요구된다."
- 모든 승객이 이해할 수 있는 적절히 큰소리와 단호한 어조로 실시한다.
- 한국어와 영어로만 실시한다.

(이후 공통)

좌석벨트를 매십시오.
버클을 끼우고 끈을 아래쪽으로 하여 단단히 조여 주십시오.
객실 승무원으로부터 벨트 풀어 지시가 있으면, 버클 덮개를 들어 올리십시오.

Fasten your seatbelt./
Place the metal tip into the buckles/ and tighten the strap low/ and secure about you./
When told to release your seatbelt, / lift the top of the buckle./
Crosscheck(상호 점검)!!

☑ **충격방지자세**[Brace for impact] 실습 참고사항

- "안내방송 시 표준어 구사 기술, 단호한 어조, 정확성 유지가 요구된다."
- 모든 승객이 이해할 수 있는 적절히 큰소리와 단호한 어조로 실시한다.
- 한국어와 영어로만 실시한다.

Bulkhead

Non – Bulkhead

어린이 / 아기를 안는 경우

어린이/아기를 좌석에 앉은 경우

객실승무원의 충격방지자세

임산부의 충격방지자세

전향 Jumpseat

후향 Jumpseat

착륙 전 충격방지자세를 취하라는 신호가 전달될 것입니다. 신호의 내용은 ___이며, 이때 승무원들이 여러분께 충격방지자세를 취하라고 지시할 것입니다.

The signal to brace will be given just before landing./
The signal will be _____./
and the cabin crew will command you to brace./

충격방지자세를 취하라는 신호가 있으면 발을 바닥에 대고 양팔을 엇갈리게 하여 손을 앞 좌석 상단을 잡으십시오. 머리는 팔에 대십시오.

When instructed to brace for impact,/ place your feet ont the floor./
Cross your arms /and put your hands on the seat in front of you./
Put your head on your arms./

앞좌석 등받이에 손이 닿지 않거나 앞에 좌석이 없는 경우에는, 상체를 앞으로 최대한 숙여 팔을 허벅지 밑으로 넣어 단단히 안거나 손으로 발목을 잡고 머리를 무릎에 대십시오.
충격방지자세는 항공기가 완전히 정지할 때까지 취하고 있어야 합니다. 이후에는 승무원의 지시에 따라 주십시오.
아기나 어린아이와 함께 계신 승객은 저희 객실 승무원들이 어린이가 충격방지자세를 취할 수 있도록 도와 드리겠습니다.
도움이 필요하신 다른 승객 역시 저희 객실 승무원이 도와드리겠습니다.

If you cannot reach the seatback in front of you,/
or if there si no seat in front of you./ lean forward as far as you can and wrap your arms tightly/ under your legs or grab your ankles/ and put your head on your knees./
Hold your bracing position/ until aircraft comes to complete stop./
Then follow the instruction of your crew./
For those traveling with infants or children,/ the cabin crew will assist you to prepare your child to brace./
For anyone else needing help,/ the cabin crew will assist you./
Crosscheck(상호 점검)!!

☑ Safety card showing 실습 참고사항

- "안내방송 시 표준어 구사 기술, 단호한 어조, 정확성 유지가 요구된다."
- 모든 승객이 이해할 수 있는 적절히 큰소리와 단호한 어조로 실시한다.
- 한국어와 영어로만 실시한다.

 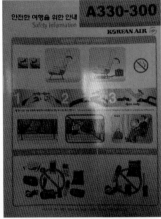 

좌석 앞 주머니 속에서 Safety information card를 꺼내어 좌석벨트, 충격방지자세,
구명복(비상착수 시), 탈출구 위치 및 작동법을 재확인 하십시오.
저희 승무원들이 통로에서 여러분을 도와드리고 질문에 답해 드리겠습니다.
주목해 주셔서 감사합니다.

Take the safety information card from the seat pocket/

in front of you and review seatbelt operation. bracing position,/
life vest operation(ditching only),/ exit location and exit operation./
Cabin crew will be in the asile to assist you/ and ansew any questions./
Thank you for your attention./
Crosscheck(상호 점검)!!

☑ **협조자 선정**(Selection of assist personel) 실습 참고사항

- "안내방송 시 표준어 구사 기술, 단호한 어조, 정확성 유지가 요구된다."
- "SHR을 참고하여 소방관, 경찰관, 군인, 응급구조사, 항공사 직원을 미리 선발해둔다."
- 한국어와 영어로만 실시한다.
- "안내방송 시 표준어 구사 기술, 정확성 유지가 요구된다."

손님 여러분,
여러분 중에 항공사 직원, 경찰, 소방관 또는 군인이 계시면 승무원에게 알려 주시기 바랍니다.
여러분의 도움이 필요합니다.

Ladies and gentlemen,/
If there are any airline employees,/
law enforcement, fire rescue or military personnel on board,/
please identify yourself to the cabin crew./
We need your assistance./
Crosscheck(상호 점검)!!

☑ **좌석변경**(Seat change) 실습 참고사항

- "안내방송 시 표준어 구사 기술, 단호한 어조, 정확성 유지가 요구된다."
- 모든 승객이 이해할 수 있는 적절히 큰소리와 단호한 어조로 실시한다.
- SHR을 이용하여 객실 내 장애인, 노약자, 어린이, 유아, 임산부 승객을 미리 파악한다.
- 한국어와 영어로만 실시한다.

손님 여러분.
탈출을 용이하게 하기 위하여 몇 분의 손님에게 좌석변경을 요청하겠습니다.
여러분은 승무원들이 요청할 때까지 좌석에 그대로 계시기 바랍니다.

Ladies and gentlmen,/
We will be asking some of you to change seats to better help/
those needing assistance or to be closer to an exit to help evacuate./
Please remain seated/ unless you are asked to move./
Crosscheck(상호 점검)!!

☑ **조명조절**(Light control) 실습 참고사항

- "안내방송 시 표준어 구사 기술, 단호한 어조, 정확성 유지가 요구된다."
- 모든 승객이 이해할 수 있는 적절히 큰소리와 단호한 어조로 실시한다.
- 탈출 시 모든 기내 조명은 주간의 경우 적절한 조명, 야간의 경우 외부와 비슷한 정도의 어둡기로 조절한다.
- 한국어와 영어로만 실시한다.

손님 여러분, 외부 밝기에 적응하기 위해 기내 조명을 어둡게 조절하고 있습니다.

Ladies and gentlemen,/
We are dimming the cabin lights/ so your eyes adjust to the outside lighting./
Crosscheck(상호 점검)!!

* Crosscheck(상호 점검)!! : 비상착륙·수 시 매 방송문 끝에 'Crosscheck!!'을 넣는 이유는 방송으로 승객 준비사항에 대해 안내한 후 객실 승무원에 의해 진행 및 준비가 잘되고 있는가를 점검하라는 뜻이다.

☑ 준비 되지 않은 비상사태 선포 실습 참고사항

- "안내방송 시 표준어 구사 기술, 단호한 어조, 적절한 음량, 정확성 유지가 요구된다."
- 모든 승객이 이해할 수 있는 적절히 큰소리와 단호한 어조로 실시한다.
- 한국어와 영어로만 실시한다.

손님 여러분,
긴급사태가 발생했습니다.
지금부터 긴급착륙(착수)하겠습니다.
좌석벨트를 매십시오.
양팔을 엇갈리게 하여 앞 좌석 상단에 갖다 대십시오. 머리는 팔에 대십시오.

Attention!! laies and gentlmen,/

This is an emergency landing(ditching)./
Fasten your seatbelt./
Cross your arms/ and put them on top of your front seat./
Lean forward/ and put your head into your arms./

☑ 준비되지 않은 비상사태 발생 시 기내방송 [실습 참고사항]

준비되지 않는 비상사태 발생은 대부분 이·착륙 과정에서 발생하곤 하며, 운항 승무원과 객실 승무원조차도 비상사태 발생에 대해 전혀 알지 못한 상태에서 진행된다. 따라서 기내방송은 항공기와 승객이 상당히 충격을 받은 상태거나 직전에 진행되므로, 사용되는 단어가 극히 제한될 수밖에 없고, 거의 샤우팅(Shouting)상태로 보면 정확하다.

- 모든 승객이 이해할 수 있는 적절히 큰소리와 단호한 어조로 실시한다.
- 급한 마음에 너무 속도가 빠르지 않도록 실시한다.
- 한국어와 영어로만 실시한다.
- 비상사태를 준비할 시간이 충분하지 못한 경우 준비된 비상사태 시 안내 방송문은 객실 사무장(캐빈 매니저)의 재량에 의해 취사선택할 수 있다.
- 객실 승무원은 승객에게 충격방지자세, 탈출지휘를 위한 샤우팅(Shouting)을 주로 방송하게 된다.

☑ 착륙 1분 전 Shouting [실습 참고사항]

- "Shouting 시 표준어 구사 기술, 단호한 어조, 정확성 유지가 요구된다."
- 착륙 1분전 신호는 기장이 "fasten seabelt" sign을 3번 반복 울림으로서 알 수 있다.
- 모든 승객이 이해할 수 있는 적절히 큰소리와 단호한 어조로 실시한다.
- 한국어와 영어로만 실시한다.

> "충격방지자세 Brace!" "충격방지자세 Brace!" "충격방지자세 Brace!"

기내화재,
폭발물 발견 시
기내방송하기

1. 기내화재 발생 선포

2. 기내화재 진압 선포

3. 폭발물 위협 발생 시

4. 폭발물 위협 종료

Chapter

10

기내화재, 폭발물 발견 시 기내방송하기

 기내화재 발생 선포 실습 참고사항

● "안내방송 시 표준어 구사 기술, 단호한 어조, 적절한 음량, 정확성 유지가 요구된다."

● 대부분의 승객이 유해연기에 의해 질식하므로 연기를 마시지 않도록 자세를 낮춘다.

● 모든 승객이 이해할 수 있는 적절히 큰소리와 단호한 어조로 실시한다.

● 한국어와 영어로만 실시한다.

손님 여러분.
지금 비행기 내에 작은 화재가 발생하여 저희 객실 승무원들이 진압하고 있습니다.
저희 객실 승무원들은 이런 경우에 대비하여 잘 훈련되어 있습니다.
손님 여러분께서는 절대 동요하지 마시고,
침착하게 객실 승무원의 지시에 따라 주시기 바랍니다.

Ladies and gentlemen,/
a minor fire has broked out in the cabin,/ but it is now under control./
Please do not be alarmed./
We ask you/ to follow the instructions of our cabin crew,/ and Crew members
are well trained for this type of situation./
Thank you for your cooperation.

02 기내화재 진압 선포 [실습 참고사항]

- "안내방송 시 표준어 구사 기술, 단호한 어조, 적절한 음량, 정확성 유지가 요구된다."
- 기내화재 진압 후 잔불까지 완전히 소화할 수 있도록 물소화기를 사용하여 잔불제거를 실시한 후 방송한다.
- 모든 승객이 이해할 수 있는 적절히 큰소리와 단호한 어조로 실시한다.
- 한국어와 영어로만 실시한다.

손님 여러분.
조금 전 발생한 연기는 원인을 확인하여 해결하였으며,
지금 우리 비행기는 예정대로 순항하고 있습니다.
불편을 끼쳐드려 죄송합니다.

Ladies and gentlemen,/
The smoke has been completely removed./
Thank you for your cooperation./

03 폭발물 위협 발생 시 실습 참고사항

- "안내방송 시 표준어 구사 기술, 단호한 어조, 적절한 음량, 정확성 유지가 요구된다."
- 객실 승무원 중 폭발물을 이동시킬 승무원은 방탄조끼를 착용하고 방폭담요를 준비한다.
- 모든 승객이 이해할 수 있는 적절히 큰소리와 단호한 어조로 실시한다.
- 한국어와 영어로만 실시한다.

안내 말씀 드리겠습니다.
잠시 후 이곳 공항 관계기관에 의해 비행기 보안점검이 실시되겠습니다.
Ⓐ 손님 여러분께서는 보안요원의 점검이 진행되는 동안 자리에서 기다려 주시기 바랍니다.
Ⓑ 손님 여러분께서는 지금부터 비행기에서 내리셔서 보안요원의 점검이 진행되는 동안 지정된 대기장소에서 기다려 주시기 바랍니다. 그리고 갖고 계신 짐은 모두 가지고 내려 주십시오.

Ladies and gentlemen,/
We have been advised by the airport authorities/ that entensive security check fo
the aircraft is required./
Ⓐ We kindly ask you to remain seated/ until the security check is completed./
Ⓑ We kindly ask you to deplane/ and wait in the terminal until the security
    check/ is completed./ Please keep your personal belongings with you/
    when you deplane./
We regret this inconvenience/ and will keep you well informed./
Thank you./

04 폭발물 위협 종료 실습 참고사항

- "안내방송 시 표준어 구사 기술, 적절한 음량, 정확성 유지가 요구된다."
- 상황 종료를 승객에게 인식시키기 위해 편안한 마음으로 방송을 실시한다.

손님 여러분.
저희 항공기의 보안점검 결과, 이상이 없는 것으로 확인되었습니다.
협조에 감사드립니다.

Thank you for your patience,/ laies and gentlmen./
The security check has been completed/ and we will depart in a few minutes./

음주, 난동, 만취, 폭력, 흡연, 집단행동 시 기내방송하기

1. 기내 흡연제지를 위한 안내방송

2. 기내 농성승객 하기 요청방송

3. 기내 소란행위 자제방송

4. 기내 난동승객 : 법적 대응 후 방송

음주, 난동, 만취, 폭력, 흡연, 집단행동 시
기내방송하기

최근 3년 사이 비행기에서 담배를 피우거나 소란을 일으켜 인천공항에서 적발된 항공보안법 위반 범죄가 급증한 것으로 나타났다. 9일 국회 국토교통위원회가 경찰청으로부터 제출받은 자료에 따르면 인천공항에서 발생한 전체 범죄는 2013년 373건에서 지난해 387건으로 소폭 늘었다. 올 7월까지는 205건이 발생했다. 이 중 항공보안법 위반 범죄는 2013년 14건에서 지난해 44건으로, 3배로 급증했다. 올 7월 현재 63건으로, 이미 지난해 발생 건수를 넘어섰다.

항공보안법 위반은 기내 흡연이 많았고, 주로 화장실에서 몰래 담배를 피우다가 적발됐다.

2013년~올해 7월 사이 항공보안법 위반 121건 중 흡연이 98건으로 전체의 81%에 달했다. 2013년 12건에서 지난해 31건, 올 7월 현재 55건으로 급증세를 보였으며 항공보안법에서는 운항 중인 기내에서 담배를 피우면 500만원 이하 벌금을 물리도록 규정하고 있다. 또한 술에 취해 승객에게 시비를 걸거나 소리를 지르고 욕설을 하는 '소란' 행위도 2013년~올해 7월 사이 12건 발생했으며, 여승무원의 허리를 감싸

안거나 옆 좌석에 앉은 승객을 보며 음란행위를 하는 등의 성추행 행위 등이 6건, 비즈니스석으로 자리를 옮겨달라고 행패를 부리다 이를 제지하는 객실 사무장(캐빈 매니저)나 여승무원을 때리는 등 폭행이 5건 있었다.

2013년~2015년 올해 7월 사이 인천공항 내 발생한 범죄 965건 중 가장 많이 차지하는 죄종은 절도로, 모두 298건에 달했다.

그 다음이 항공보안법 위반이고, 남이 놔둔 물건을 들고 가서 사용한 범죄인 점유 이탈물 횡령과 폭행(각 98건)이 뒤를 이었다.

따라서 최근 3년간 인천공항과 비행 중인 항공기 내에서 항공보안법 위반 범죄가 급증하고 있으며, 국내 항공기 이용객이 꾸준히 증가하는데 비례해 상응하는 치안대책을 마련해야 한다.

기내 업무방해 행위란 승무원의 정당한 직무집행을 방해하거나 승무원과 탑승객의 안전한 운항이나 여행을 위협하는, 다음 일체의 행위를 말한다.

❶ 승무원 및 타 승객에 대한 폭행, 폭언, 협박, 위협행위를 포함한 소란행위

❷ 음주(만취) 및 약물중독으로 벌어진 소란행위

❸ 기내 흡연, 금지된 전자기기의 사용

❹ 승무원, 승객에 대한 성추행 · 성희롱

❺ 기장의 승낙없이 조종실 출입을 기도하는 행위

❻ 착륙 후 항공기에서 농성을 하거나 점거하는 행위

❼ 운항 중인 항공기의 도어핸들 조작, 화장실 내 연기감지기 훼손, 조종실 문을 발로 차는 행위

01 기내 흡연제지를 위한 안내방송 실습 참고사항

- "기내에서 자주 발생하는 사안으로, 주로 화장실 내의 경보기가 작동되어 조종실과 객실 승무원이 동시에 인지하게 된다."

- "흡연을 목격한 승무원은 해당 승객에게만 집중할 것이 아니라, 피우고 있

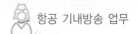

던 담배로 인한 2차 화재를 예방하기 위해 적절한 조치를 취하여야 한다."

● "안내방송 시 표준어 구사 기술, 단호한 어조, 적절한 음량, 정확성 유지가 요구된다."

안내 말씀 드리겠습니다.
기내에서의 흡연, 특히 화장실 안에서 담배를 피우시는 것은 비행기 안전을
직접 위협할 수 있으며, 항공안전 및 보안에 관한 법률에 따라 엄격히 금지되어 있습니다.
손님 여러분의 안전하고 쾌적한 여행을 위한 기내 금연 규정에 적극 협조해 주시기 바랍니다.
감사합니다.

Ladies and gentlemen,/
For safety reasons,/ aviation law strictly prohibits smoking on the airplane,
including in the lavatories,/
Thank you for your cooperation,/

기내 농성승객 하기 요청방송 실습 참고사항

● "일반적으로 한국인 승객이 인천공항에 도착했을 때 발생하며, 원인은 회항, 장시간 지연 등으로 불편을 겪은데 대한 항공사의 대처가 승객의 기대치에 부합되지 않을 경우 발생한다."

● "농성은 주로 일반석에서 일어나며, 객실 승무원은 관계기관에 보고하고 안내방송 등 적절한 조치를 실시하여야 한다."

● "안내방송 시 표준어 구사 기술, 단호한 어조, 적절한 음량, 정확성 유지가 요구된다."

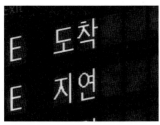

안내 말씀 드리겠습니다.
항공법에 따라 비행기 안에서의 농성은 엄격히 금지 되어있습니다.
아직 하기하지 않은 손님께서는 조속히 내려 주시고
불편사항에 대해서는 공항 내 운영되고 있는 항공기 이용피해 구제 접수처의 안내를 받으시기 바랍니다.

Ladies and gentlemen,/
In accordance with aviation security laws,/
it is strictly forbidden to make any unofficial demands in the cabin,/
We request all passengers to deplane now,/
Your complaint issue will be kindly addressed at the passenger service desk/ in the terminal,/
Thank you for your cooperation,/

03 기내 소란행위 자제방송 실습 참고사항

- "일반적으로 단체 관광객이 탑승했을 경우 발생하며, 항공기 뒤편 화장실 앞이나 도어 주변에서 많이 발생한다.", "주변승객의 거센 불만을 야기하므로 적극 제지하는 것이 필요하다."

- "식사 및 음주 후 주로 일반석 뒤편에서 발생하며, 객실 승무원이 제지 시 불만을 나타내는 경우가 매우 많다."

- "자제 안내방송을 실시할 경우 해당구역만 안내방송하는 것이 권장 된다."

- "자제 안내방송 시 표준어 구사 기술, 단호한 어조, 적절한 음량, 정확성 유지가 요구된다."

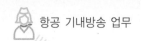

안내 말씀 드리겠습니다.
비행 중 한 곳에 모여 큰소리로 이야기를 나누시면 다른 손님들의 큰 불편을
초래할 수 있습니다. 객실 승무원의 안내에 따라 좌석으로 돌아가 주시기 바랍니다.

Ladies and gentlemen,/
As a courtesy to other passensers on board,/ we ask you to
refrain from making loud noises/ or gathering in large groups./
Please return to your seat/ as directed by cabin crew./
Thank you for your cooperation./

04 기내 난동승객 : 법적 대응 후 방송 실습 참고사항

- "기내 난동은 주로 음주 후 발생하며, 주변의 모든 승객이 인지하고 있는
  상태이기 때문에 적절한 시점에 안내방송을 통해 기내 대응상태에 대해
  알려야 한다.
- "난동승객 처리 결과에 대해 전 구역에 방송을 실시할 경우 다른 승객에게
  불편한 느낌을 줄 수 있으므로, 난동 해당구역만 방송하는 것을 권장한다."
- "안내방송 시 표준어 구사 기술, 단호한 어조, 적절한 음량, 정확성 유지가
  요구된다."

손님 여러분.
저는 여러분을 모시고 가는 사무장입니다.
조금전 기내 안전을 위협하는 행위가 계속되어 해당 손님을 불가피하게 억류하게 되었습니다.
이는 관련법규에 근거한 조치이오니 널리 양해해 주시기 바랍니다.
원만한 사태해결을 위해 협조해 주신 손님들께 다시 한 번 감사드립니다.

Ladies and gentlemen,/
This is purser speaking./
There was an unexpected cabin disturbance/ caused by one of passenser,/
and it is now under control./
Thank you for your understanding./

참 고 문 헌

다음백과사전

대한민국 항공보안협회

대한항공 방송문

대한항공 홈페이지

아시아나항공 방송문

아시아나항공 홈페이지

영종의 항공이야기

위키백과, 두산백과 사전

인천국제공항공사 사이트

인터넷 통합검색 사이트

한국공항공사 사이트

한국항공진흥협회

항공정보시스템

항공정보포털 시스템

knowledges from 31yrs 10months Flight with KE

pictures from 31yrs 10months flight with KE

항공 기내방송 업무

초판1쇄 인쇄 2017년 7월 20일
초판1쇄 발행 2017년 7월 26일

저　　　자 최 성 수
펴 낸 이 임 순 재
펴 낸 곳 (주)한올출판사
등　　　록 제11-403호
주　　　소 서울시 마포구 모래내로 83(성산동, 한올빌딩 3층)
전　　　화 (02)376-4298(대표)
팩　　　스 (02)302-8073
홈 페 이 지 www.hanol.co.kr
e - 메 일 hanol@hanol.co.kr
I S B N 979-11-5685-590-3